# MÉMOIRE

SUR

## LE COMMERCE DE LA FRANCE ET DE SES COLONIES.

*Non ut doceam, sed ut docear.*

## A PARIS,

De l'Imprimerie de MOUTARD, Imprimeur-Libraire, rue des Mathurins, Hôtel de Cluni.

M. DCC. LXXXIX.

# AVERTISSEMENT.

*Nous croyons, en publiant ce Mémoire, devoir annoncer qu'il n'eſt pas entiérement notre ouvrage ; nous avons été aidés, dans nos recherches & dans nos calculs, par un ancien Negociant qui a voyagé avec fruit dans la plus grande partie de l'Europe, & qui joint à une grande juſteſſe d'eſprit, des connoiſſances en tous genres, ſur-tout dans les matieres de Commerce. Nous avons combiné nos idées avec les ſiennes, pour évaluer les produits, tant de notre Agriculture, que de nos richeſſes induſtrielles, & pour en former le réſultat général. Non ſeulement notre amour-propre ne ſera point bleſſé qu'on releve les erreurs dans leſquelles nous aurions pu tomber, nous verrons au contraire avec le plus grand plaiſir, toutes les obſervations qui pourront conduire à la découverte de la vérité. L'Epigraphe que nous avons miſe à la tête du Mémoire, eſt l'expreſſion bien ſincere de nos ſentimens.*

# MÉMOIRE



## LE COMMERCE DE LA FRANCE
## ET DE SES COLONIES.

*Non ut doceam, sed ut docear.*

LE Commerce a dû exifter & a exifté réellement dès que les Sociétés fe font formées, parce qu'à cette époque même les hommes ont été obligés de fe répartir entre eux les moyens qui pouvoient leur procurer les befoins de premiere néceffité.

Dans cet état primitif, les productions naturelles des terres, des rivières & des mers, auroient pû, à la rigueur, fuffire à leur fubfiftance, & les toifons des animaux leur fournir des vêtemens; mais le défir des commodités entraîna bientôt avec lui le goût du luxe, l'induftrie fut forcée de multiplier & de perfectionner les productions de la terre, & d'en changer les formes; de là l'Agriculture, les Manufactures & tous les autres Arts utiles & agréables. Ils formerent autant de branches différentes de commerce, &

A

devinrent les fources les plus fécondes de la puiſſance des Etats & du bonheur des Peuples. Ce feroit en effet s'abuſer de croire que le degré de la puiſſance ſe meſure par l'étendue des Provinces, & que le bonheur des Sujets ſe calcule par les richeſſes du Souverain. Un Etat n'eſt plus puiſſant qu'un autre que par la plus grande population, & la plus grande population ne peut ſubſiſter ſans une ſomme de travail proportionnée au nombre des bras que l'Agriculture & l'induſtrie doivent mettre en mouvement ; l'une & l'autre ſont l'eſſence du Commerce. Sans l'induſtrie, les fruits de la terre n'auroient point de valeur ; ſi l'Agriculture eſt négligée, les ſources du Commerce ſont taries. L'union de ces deux principes, agens de la puiſſance & du bonheur public, eſt telle, que ſi l'un l'emporte ſur l'autre, ils perdent inſenſiblement leurs forces réelles & relatives.

Ces idées préliminaires auroient peut-être beſoin d'un plus grand développement, pour être mieux ſenties ; mais comme ce Mémoire eſt deſtiné pour des perſonnes inſtruites, on a cru devoir ſe borner à l'expoſition des principes généraux, pour les appliquer à l'état actuel de notre Agriculture & de notre induſtrie.

On croit devoir commencer par le tableau des produits de notre Agriculture. On préſentera enſuite celui de nos Manufactures. Quoique ces tableaux ne ſoient pas, à beaucoup près, auſſi exacts qu'on l'auroit déſiré, cependant ils ſuffiront pour mettre l'Adminiſtration à portée de juger ſi nous faiſons tout le commerce que nous pouvons faire, eu égard à la bonté de notre ſol, à ſa poſition, à ſon étendue, à la quotité de notre population, & aux reſſources du génie national : nous propoſerons nos réflexions ſur chaque eſpece de produits, ainſi que ſur notre commerce intérieur & extérieur, & ſur celui de nos Colonies : nous indiquerons en même temps les moyens que nous croyons les plus propres à leur donner toute l'étendue & toute l'activité dont ils ſont ſuſceptibles ( 1 ).

______________________________

(1) Lorſqu'on a rédigé ce Mémoire, on ne connoiſſoit pas encore les demandes

# PREMIERE PARTIE.

## *Agriculture.*

Personne n'ignore que les différentes Provinces de la France offrent à l'industrie de ses habitans presque toutes les especes de productions.

Les grains.

Les herbages propres à la nourriture des bestiaux.

Les vins.

Les olives & autres fruits & graines propres à faire de l'huile.

Les fruits & légumes.

Les bois.

La laine.

La soie.

Le lin & le chanvre.

Les mouches produisent la cire & le miel.

## *Grains.*

Le pain est la nourriture la plus commune des Peuples de l'Europe ; par conséquent les grains sont la partie la

que les trois Ordres des différentes Provinces du Royaume ont chargé leurs Députés à l'Assemblée Nationale de faire. On a vu avec plaisir qu'on avoit prévenu leurs désirs sur presque tous les points relatifs au Commerce du Royaume, en sorte que ce Mémoire pourra fournir des éclaircissemens pour leur décision.

Plusieurs Cahiers annoncent les vœux du Commerce pour la révision ou la ré-formation de l'Ordonnance de 1673. Ce travail est fait depuis long-temps. Les mo-tifs des changemens qu'on propose de faire, y sont expliqués. Mgr. le Garde des Sceaux a permis qu'il fût imprimé, & il le sera bientôt. Comme ce n'est encore qu'un simple projet, les Chambres du Commerce & les Négocians du Royaume pourront proposer leurs observations ; elles seront reçues avec empressement.

Toutes celles contenues dans les différens Cahiers des trois Ordres, tant sur les Contraintes que sur les Cessions de Biens, les Lettres de Répit, les Arrêts de Défenses, les Faillites & Banqueroutes, les Revendications, les Demandes en Privilége & Préférence, enfin la Compétence des Juges qui doivent en connoître, sont discutés dans le Projet, & forment autant d'articles nouveaux qu'on propose d'ajouter à l'Ordonnance de 1673.

plus néceſſaire du produit des terres, & celle dont la conſommation eſt la plus confidérable.

Pour pouvoir déterminer la quantité de grains que la France conſomme, il faut connoître la ſomme totale de ſa population. Un Ouvrage fait depuis peu d'années, nous apprend que la population actuelle du Royaume eſt de vingt-quatre millions ſix cent mille individus de tous ſexes & de tout âge (1). Leur conſommation en pain doit être calculée environ d'une livre & un quart de grains pour chaque individu. Le calcul ne paroîtra pas exagéré, ſi l'on conſidere que le plus grand nombre des habitans de la France n'a d'autre aliment que le pain, quelques fruits & quelques légumes; que leur pain eſt rarement fait avec du froment; qu'ils ne boivent point de vin ; qu'ils ſont expoſés à toutes les intempéries de l'air, & à la chaleur du ſoleil depuis ſon lever juſqu'à ſon coucher ; que les travaux les plus pénibles leur ſont réſervés. Cette portion d'hommes mange chacun plus de trois livres de grains par jour : ainſi, compenſation faite de ce que ceux-ci conſomment de plus, avec ce que les perſonnes aiſées, les femmes & les enfans conſomment de moins, on croit ne pas s'écarter de la vérité en diſant que la conſommation générale des vingt-quatre-millions ſix cent mille individus doit être de cent treize millions de quintaux, poids de marc. Il faut ajouter à cet objet ce qui eſt néceſſaire pour la nourriture des animaux de différentes eſpeces, & ce qui eſt employé pour les braſſeries & les amidonneries, qu'on peut évaluer à vingt-ſept millions de quintaux. Plus, pour les ſemences qu'on doit regarder comme conſommées toutes les années, puiſqu'elles ſont indiſpenſables pour opérer une nouvelle reproduction, vingt-huit millions, ce qui fait monter à environ *CENT SOIXANTE-HUIT MILLIONS* la récolte néceſſaire pour que la France ne ſoit pas forcée d'avoir recours à l'Etranger. Cet apperçu ſuffit pour faire ſentir de quelle importance eſt

_________________________

(1) Ouvrage de M. Necker ſur l'adminiſtration des Finances.

cette branche d'agriculture. On en fera encore plus intimement convaincu, si on considère qu'un dixieme de *déficit* fur nos récoltes pendant quelques années, peut appauvrir abfolument la France, en la privant annuellement de cent à cent vingt millions, tandis qu'un dixieme de fuperflu fur les mêmes récoltes procureroit une augmentation annuelle de foixante-dix à quatre-vingt millions dans notre numéraire.

Beaucoup d'Auteurs Anglois ont donné à ce fujet dans des exagérations qui nuifoient au fuccès de la caufe qu'ils vouloient défendre ; ils n'ont pas craint d'attefter que la France pouvoit recueillir & avoit recueilli dans une feule année deux ou trois fois la quantité de grains néceffaire à fa confommation, & que ces récoltes n'étoient pas rares. Par une fuite de la même exagération, ils ont prétendu qu'en Angleterre une bonne récolte fournifloit à fa confommation de cinq années.

Avant de faire de pareilles affertions, ils auroient dû confidérer qu'il n'étoit pas poffible que dans ces prétendues années d'abondance, le prix des grains ne diminuât beaucoup ; qu'en fuppofant que leur valeur commune fût tombée à quatre livres le quintal, & que la France n'eût vendu que la moitié de fon fuperflu, cette vente de quatre-vingt-quatre millions de quintaux auroit procuré trois cent trente-fix millions de numéraire par an. Nous fommes bien éloignés d'une pareille pofition. Depuis plufieurs années, les récoltes de la France ont à peu près égalé fa confommation. Comme elle a vendu des parties de grains, elle a été obligée d'en acheter.

Le grain acheté coutant plus cher à l'Etat (1) que ne lui rapporte celui qu'il vend, la France a été obligée de payer à l'Etranger une folde en argent pour la balance de cet article. Cette perte de numéraire eft le

---

(1) Les achats annoncent des befoins, & la vente fuppofe du fuperflu ; mais les frais étant prefque tous contre l'acheteur, l'achat des grains emporte plus de numéraire que la vente n'en produit, en fuppofant les quantités égales.

moindre mal ; il en eſt réſulté un bien plus grand de ce que les grains s'étant ſoutenus depuis quelques années à un prix très-haut , & le Peuple ayant manqué pluſieurs fois de travail, une grande partie de la Nation a moins conſommé. C'eſt une triſte vérité bien connue de tous ceux qui n'ont pas détourné leurs regards de deſſus la partie ſouffrante de la Nation.

### Nourriture des beſtiaux.

La nourriture des animaux qui ſervent au labourage & qui fourniſſent des engrais pour les terres, tient eſſentiellement à l'agriculture , & on peut dire que ſans une grande nourriture de beſtiaux , on n'aura jamais qu'une agriculture languiſſante. Cette nourriture, conſidérée dans ſes rapports avec l'agriculture, mérite donc la plus grande attention. Elle n'en exige pas moins, ſi on l'enviſage comme fourniſſant une partie de la ſubſiſtance des hommes.

Il ſeroit difficile d'établir des calculs qui puſſent faire connoître exactement quelle eſt la conſommation que la France fait en beſtiaux pour la nourriture de ſes habitans. La connoiſſance de la population du Royaume ne peut plus nous guider ici , comme pour la conſommation des grains. Toutes les claſſes des Citoyens ne mangent pas également de la viande ; il n'eſt que trop de malheureux pour qui c'eſt une nourriture preſque inconnue ; & quand même on ſauroit exactement le nombre des hommes qui en conſomment, on n'auroit encore rien de certain : chaque homme ne mange du pain que ce qu'il lui en faut ; mais le riche a trouvé le moyen de multiplier étonnamment ſes beſoins en viande, il en prodigue une partie pour aſſaiſonner l'autre. Cependant on peut donner un apperçu de notre conſommation , en prenant, d'une part, pour baſe celle de Paris, qui eſt aſſez connue (1), & en n'évaluant

_____________

(1) On s'eſt ſervi pour évaluer la conſommation de Paris ſur les états annexés au Compte rendu par M. l'Abbé Terray, en 1774.

d'autre part , la confommation d'un habitant des Provinces ou des campagnes, qu'en raifon du tiers de celle d'un habitant de la capitale, à l'exception néanmoins que les habitans de campagne mangent proportionnellement plus de porcs que ceux de Paris.

D'après ces obfervations, on peut conjecturer que la confommation de viande en France eft de

Un million fix centmille bœufs ou vaches.

Un million trois cent cinquante mille veaux.

Quatre millions de moutons.

Deux millions de porcs.

Dont la valeur numéraire peut être évaluée de *TROIS CENT CINQUANTE* à *QUATRE CENTS MILLIONS*.

Quelque incertain que foit ce calcul , cependant une note reçue du Bureau de la marque des cuirs le rend probable jufques à un certain point. En effet , il eft conftaté par cette note, qu'il fe marque annuellement en France douze cent quatre-vingt mille cuirs de bœufs. Les Régiffeurs du droit difent qu'il faut ajouter à cette quantité au moins un quart en fus pour les cuirs qu'on ne fait pas marquer; & dont on fraude le droit ; ils difent de plus, qu'on compte douze peaux de veaux pour un cuir de bœuf. Les douze cent quatre-vingt mille cuirs fuppofent donc la confommation de dix-fept cent fix mille , qui approche infiniment de celle de dix-fept cent douze *mille cinq cents*, à laquelle nous avons arbitré dans le calcul précédent un million fix cent mille bœufs ou vaches, & les treize cent cinquante mille veaux qui, divifés par douze, forment une augmentation de cent douze mille cinq cents. Cette confommation eft très-bornée, fi on envifage la population de la France , puifqu'elle ne répond qu'à une dépenfe de *quinze à feize livres par tête*. Cependant la nourriture de nos beftiaux ne peut y fuffire , & nous payons annuellement une balance à l'Etranger pour les viandes , ainfi que pour le beurre , le

(1) Dans les cinq années de 1777 à 1781 , la France a payé , année commune ,

fromage, le ſuif (1). La diſette de ces objets nous prouve combien on a négligé en France les moyens d'y multi-plier les beſtiaux, quoique ce ſoit une des branches les plus importantes de notre agriculture.

### Fourrages.

On auroit déſiré pouvoir donner une évaluation du pro-duit de nos prairies, ſoit naturelles, ſoit artificielles; mais outre que nous n'avons aucune notion pour faire cette éva-luation, c'eſt que, dans le cas même où nous aurions des renſeignemens certains de nos récoltes en fourrages de toute eſpèce, nous ne pourrions pas en faire entrer la to-talité dans la maſſe des revenus; il faudroit en diſtraire, 1°. la partie qui ſert à nourrir les chevaux deſtinés au la-bourage, dont la dépenſe eſt compriſe dans le produit des terres.

2°. Celle qui ſert pour la nourriture des animaux en-graiſſés pour les boucheries, car ce ſeroit faire un double emploi que de compter leur produit, & enſuite leur nour-riture.

Il ne reſte donc qu'à évaluer la partie des fourrages employés à nourrir; ſavoir, les che-vaux des troupes, à raiſon de 30,000.... 30,000

Ceux de ſelle, carroſſes & autres voitures appartenantes à des particuliers, & deſtinés uniquement à leur commodité ou agrément; on peut en fixer la quantité à 60,000. . . . . . . . 60,000

Les poſtes, relais & voitures publiques doi-vent en employer au moins 40,000. . . . . . . . 40,000

La quantité de ceux deſtinés à tranſporter

ſix millions à l'Etranger pour la balance de ces différens articles, & près de onze millions en 1787.

Comme nous citerons ſouvent la balance de 1787, nous croyons devoir dire que la manière dont elle eſt rédigée fait honneur à ceux qui ſont à la tête de ce travail. Nous ne doutons point qu'il ne devienne de jour en jour plus inſtructif & plus utile, ſur-tout d'après un Mémoire qui nous a été communiqué, & qui nous a paru contenir les vûes les plus ſaines ſur le Commerce.

par

par la voie des Rouliers, les marchandises & les denrées, est la plus considérable ; on ne croit pas exagérer en évaluant cette quantité à 160,000. . . . . . . . . . . . . . . . . . . . . .   160,000

Enfin, les poulains ou jeunes chevaux qui ne font pas encore en état de servir, doivent former la quantité de 80,000. . . . . . . . .   80,000

TOTAL. . . . . . . . . . . . . . . . . .   370,000

En calculant que chaque cheval consomme par jour 8 livres de fourrages de toute espece, on trouvera que la consommation totale forme un produit annuel d'environ 60 millions. Cet objet ne paroîtra pas porté trop haut, lorsqu'on fera attention qu'en général les chevaux de traits, & sur-tout ceux des Rouliers, consomment beaucoup plus que les autres, & n'ont pas la ressource des pâtures en herbages.

Il seroit bien nécessaire que nous pussions récolter une plus grande quantité de fourrages pour améliorer nôtre Agriculture, qui manque en général de bestiaux, &, par une suite nécessaire, d'engrais. Cette partie est, de toutes, celle qui paroît mériter le plus l'attention du Gouvernement.

### Vins.

Presque toutes les Provinces de France produisent le vin nécessaire à leur consommation ; elles en fourniroient même au Commerce étranger, si la qualité médiocre des vins de plusieurs de ces Provinces n'y mettoit un obstacle, & si cet obstacle n'étoit encore augmenté par les singulieres dispositions de nos tarifs sur les droits des Aides & des Traites. On a souvent multiplié les droits sur des vins qu'on ne pouvoit espérer de vendre qu'à bas prix ; on en détruisoit nécessairement la vente par cette surcharge que la valeur de la denrée ne pouvoit pas supporter, tandis que la diminution des droits en auroit facilité le commerce. Auffi les Provinces qui ne donnent que des vins médiocres, ont été réduites à la confommation intérieure. Les vins de plufieurs autres contrées, tels que ceux de Champagne, de la Bourgogne, & fur-tout de la Guienne, forment une branche confidérable d'exportation ; d'autres Provinces fourniffent des eaux-de-vie au Commerce extérieur ; en forte que ces deux branches de notre Agriculture, malgré les gênes qu'elles éprouvent, font cependant celles qui contribuent le plus à augmenter la richeffe Nationale : en effet, notre exportation à l'Etranger, en eaux-de-vie, ou en vin, s'éleve chaque année à plus de 30 millions.

Quant à la fomme à laquelle monte notre confommation intérieure, nous ne pouvons avoir que des notions imparfaites & incertaines. Le vin n'eft pas, comme le pain, un premier befoin de l'homme ; par conféquent la connoiffance de la population du Royaume ne peut nous être que d'un foible fecours : les Regiftres de la Régie des Aides ne nous donneroient pas des lumieres plus grandes, puifque toutes les Provinces ne font pas affujetties aux droits d'Aides.

Le feul renfeignement que nous ayons pu nous procurer pour évaluer la confommation générale du Royaume, a été les déclarations faites aux entrées de Paris. Suivant les états inférés dans le Compte déjà cité de M. l'Abbé Terray, il y entre toutes les années 240 mille muids de vin, & 10 mille muids d'eau-de-vie; il faut au moins ajouter, pour les parties non déclarées, un fixieme fur le vin, & un quart fur l'eau-de-vie, ce qui donneroit, en raifon de la population, pour la confommation du Royaume, plus de 10 millions de muids de vin, qu'on réduira à fept millions, attendu que s'il y a des Provinces où il fe confomme plus de vin à proportion qu'à Paris, il y en a auffi où il s'en confomme beaucoup moins. La confommation de l'eau-de-vie eft à peu près la même par-tout. Comme celle de Paris, en raifon de 680 mille habitans, eft de

12,500 muids, y compris le quart non déclaré, nous trouvons environ 400,000 muids d'eau-de-vie pour la confommation du Royaume.

En portant à 40 livres le muid de vin, la bouteille ne revient qu'à 2 fous 10 deniers, & cependant forme un objet de 280 millions de livres tournois.

L'eau-de-vie, à 130 livres le muid, forme un fecond objet de 52 millions. On peut eftimer les autres boiffons, telles que la biere, le cidre, le poirée, &c. au moins 18 millions. La totalité de la confommation intérieure peut donc être évaluée 350 *MILLIONS*.

Indépendamment de cette maffe de richeffes, cette branche doit être envifagée comme très - importante par fa nature.

1°. La vigne peut fe cultiver fur des terreins qui ne rapporteroient que peu ou point de grains. 2°. Cette culture occupe beaucoup plus de bras que celle des grains, & par-là elle eft une précieufe reffource pour fournir de l'occupation au peuple. 3°. Les productions de cette branche d'Agriculture peuvent plus facilement fe vendre au dehors, parce que tous les climats n'étant pas propres à la culture de la vigne, on trouve moins de concurrence à la vente. Les vins & eau-de-vie étant, à volume & poids égaux, d'une valeur bien plus confidérable que les grains, les frais de tranfport n'en augmentent pas autant le prix. On doit donc regarder comme très-effentiel à la profpérité de l'Etat, d'animer cette branche d'Agriculture, & de lever les obftacles qui s'oppofent à fon accroiffement.

*Oliviers & graines propres à faire de l'huile.*

L'huile eft devenue un objet de confommation bien confidérable; elle entre dans beaucoup d'alimens; les Arts, les Manufactures en ont un befoin continuel, & il s'en confomme beaucoup dans les lampes pour éclairer. Les huiles fe tirent principalement des olives, des noix, de

diverfes graines & de différens poiffons. Nous ne faifons
point entrer dans cette article cet derniere fource de
production ; nous en parlerons ailleurs.

, Les oliviers ne réuffiffent bien que dans deux de nos
Provinces ; ils les enrichiffent, & leur procurent les moyens
de fe pourvoir de grains dont plufieurs de leurs cantons
ne recueillent pas affez pour leur confommation.

Différentes autres Provinces cultivent les graines propres à fournir de l'huile ; mais il en eft beaucoup dans
lefquelles cette culture eft totalement ignorée. Cependant
elle s'allie très-bien avec celle des grains, & elle fournit
des moyens d'engraiffer le bétail deftiné aux boucheries.

Il eft d'autant plus intéreffant d'animer cette culture,
que jufqu'à préfent le fol de la France n'en n'a pas produit
une quantité fuffifante pour fournir à fa confommation.
Elle paye annuellement une balance confidérable à l'E-
tranger pour cet objet (1).

Par le calcul des droits que le Roi en retire, on peut
évaluer la confommation annuelle de la France à 1 million de quintaux. Les droits impofés fur cette production,
& la maniere onéreufe dont ils ont été perçus lors de
leur établiffement, en ont empêché la culture. Ils ont
été modérés depuis ; on a fimplifié leur perception ; mais
ces douceurs n'ont pas fuffi pour ranimer cette branche
d'induftrie ; elle ne profpérera parfaitement, que lorfqu'elle
fera affranchie de toute perception de droits, ou au moins

---

(1) De 1777 à 1781, la France a payé, année commune, 8 millions 300 mille
livres pour la balance de cet objet, & 14 millions 900 mille livres en 1787.

Le droit fur les huiles fût établi en 1705, pour fe procurer la foible reffource
d'une fomme de 750,000 liv. avancée par la Compagnie à laquelle on l'avoit alié-
né. Il rapporte à préfent plus de 2 millions. La feptieme partie de la France ne
paye pas de droits pour les huiles qui s'y fabriquent & s'y confomment, & parmi les
Provinces qui payent les droits, il y en a la moitié qui font abonnées. Ces obfervations ont été faites, lorfqu'on a évalué la production de cette denrée, à 1 million
de quintaux.

qu'elle ne fera affujettie qu'à ceux que toutes les autres efpeces de productions payent.

## *Fruits & légumes.*

Ces objets ne font pas une partie effentielle de la nourriture de l'homme; mais leur confommation eft fi confidérable, que l'on ne fçauroit regarder leur culture comme un objet indifférent. Les légumes ont fouvent été d'un grand fecours dans les années peu abondantes en grains; c'eft fans doute ce qui a engagé plufieurs bons Citoyens à en recommander la culture. Depuis quelques années furtout, on a cherché à tourner l'attention des Cultivateurs vers les différentes efpeces de pommes de terre; on ne peut que louer ce zele. Les pommes de terre viennent affez bien dans des terreins qui produifoient peu en grains; leur récolte eft affez abondante, la nourriture eft faine, quand ce légume n'a pas fouffert ou de la gelée, ou de trop d'humidité. Mais fa confervation demande bien plus de précaution que celle des grains. Dès qu'il a été attaqué de la gelée, il s'altere. A l'approche du printemps, il commence à germer & devient nuifible à la fanté; on ne doit plus l'employer à la nourriture des hommes : cet inconvénient grave, auquel on paroît avoir fait trop peu d'attention, empêchera toujours que, malgré fes avantages, la culture de cette efpece de légume ne devienne une branche principale d'Agriculture. Différens autres légumes, tels que les navets de toutes efpeces, &c. &c. forment encore un objet important dans l'Agriculture, par le fecours qu'ils procurent pour la nourriture des troupeaux de toute efpece, dans la faifon où les pâturages font inabordables. Cette culture n'a pas été auffi animée en France qu'il auroit été à défirer qu'elle le fût.

Les fruits communs font une grande douceur pour l'homme qui vit de fon travail, & on doit défirer qu'il n'en manque pas. Cet aliment contribue fouvent au foutien de fa fanté. Les fruits plus recherchés font regardés comme néceffaires fur la table des riches ; fi le Royaume ne leur en fourniffoit pas, ils les payeroient à l'Etranger. On en tire en effet quelques parties, mais qui font compenfées par d'autres que l'on exporte. En général les fruits & les légumes ne coutent, ni ne rapportent rien à la France.

Il eft des Provinces où la culture de la vigne a été remplacée par celle des pommiers & des poiriers dont le fruit fert à faire le cidre & le poiré ; cette boiffon eft affez faine ; la France n'en produit que la quantité néceffaire pour fa confommation.

### Bois.

On affure que la France étoit autrefois couverte de forêts. Cette affertion paroît contredite par une autre qui fe trouve dans le même Auteur. Il prétend qu'alors la France étoit beaucoup plus peuplée qu'elle ne l'eft à préfent. Cependant jamais pays couvert de bois ne put nourrir un peuple nombreux : ce qui a pu induire en erreur fur l'étendue que pouvoient avoir autrefois les forêts de la France, c'eft le bas prix auquel étoit le bois de toute efpece. C'eft moins la diminution dans l'étendue des forêts qui a caufé cette révolution dans le prix, que l'augmentation de la confommation, en tout genre, par l'établiffement d'ufines & manufactures, & par le grand luxe dans le chauffage des particuliers. Malgré cet accroiffement de confommation, la France ne peut pas encore être regardée comme tributaire des Etrangers pour cet article. Si elle eft obligée d'avoir recours à eux pour les bois propres à la Marine, d'autre part elle leur en fournit pour les convertir en planches ; mais il faut obferver qu'elle n'eft parvenue à fe fuffire à elle-même, qu'en confommant fes anciennes économies. On a mis en coupe des réferves, on a abrégé le temps fixé autrefois pour les coupes ordinaires, on a épuifé les magasins qui étoient abondamment pourvus & pour longues années, des bois destinés aux constructions de toute espece. Heureusement que la Nature nous a ménagé dans les mines de charbon de terre, une ressource contre la disette qui nous menace. Encourager l'exploitation de ces mines, & régler en même temps l'aménagement des bois, ce sera assurer à la Nation les moyens de se passer des Étrangers pour les constructions, l'entretien des usines & le chauffage.

Nous ne connoissons qu'un seul Auteur qui ait donné l'évaluation du produit général des bois & forêts du Royaume. Il le fait monter à 146 *millions* (1) ; nous prendrions cette fixation pour regle, jusqu'à ce que nous ayons pu nous procurer des états des bois de chaque Province. Il nous en a été déjà remis plusieurs, qui ne laissent rien à désirer.

### Laine.

Le mouton est un des plus beaux présens que la Nature ait faits à l'homme ; il se nourrit de sa chair ; sa dépouille l'habille ; il n'est pas même obligé d'attendre la mort de cet animal pour jouir de sa toison : tous les ans il lui en fournit une nouvelle ; son fumier est un des meilleurs engrais pour les terres. Sous tous ces rapports, la multiplication des troupeaux de moutons est une des branches les plus lucratives de l'industrie de la campagne : aussi peut-on dire que tout Agriculteur qui s'appliquera avec soin à l'éducation des moutons, acquerra une aisance qui lui procurera les moyens d'augmenter & de perfectionner la culture de ses terres ; car tout ce qui enrichit le Laboureur, est une source de nouveaux produits pour la terre ; & on doit attribuer en partie la médiocrité de

---

(1) Feu M. de Mirabeau.

notre culture, à l'état de dépériffement de nos troupeaux
de moutons. Quoique toutes nos Provinces foient propres
à leur éducation, cependant il y en a peu où elle faffe
un objet principal d'induftrie; auffi nous manquons abfolument de laine fuperfine, nous avons très-peu de
laine fine, & nous n'avons pas affez de laine commune
pour notre confommation.

Les deux premieres parties de cette affertion font affez
connues; la troifieme n'eft pas moins vraie. Nous n'envoyons pas des laines à l'Etranger, ou au moins nous en
exportons de fi petites quantités, qu'elles ne peuvent
être d'aucune confidération; nous en tirons des parties
confidérables, qui nous coutent annuellement plufieurs
millions (1).

On dira peut-être que fi nous tirons des laines de l'E-
tranger, nous y envoyons des draperies & des lainages,
& que fi nos Manufactures en ce genre étoient bornées
à notre propre confommation, nos récoltes en laines
feroient fuffifantes pour y fournir. Cette objection eft dé-
truite par des relevés dont les réfultats prouvent, qu'en fuppofant même que la France ne fît aucune exportation de
draps & de lainage, elle feroit toujours obligée de tirer des
laines pour fournir à fa propre confommation. La difette
des laines en France fe prouve encore par leur haut prix.
A qualité égale, elles font beaucoup plus cheres que dans
aucun autre pays. Le prix de nos laines médiocres eft même
plus haut que celui auquel on vend chez nos voifins des
laines fupérieures à tous égards aux nôtres.

Ce n'eft pas tout : non feulement nous n'avons pas affez
de laine, mais encore l'efpece que nous avons eft bien inférieure en qualité à celle que nous pourrions nous pro-

_______________

(1) De 1777 à 1781, l'importation des laines étrangeres a couté à la France,
année commune, feize millions quatre cent mille livres, & un peu plus en
1787.

curer

curer. Cette infériorité eſt une ſuite de la négligence à ſoutenir & à perfectionner les races de nos moutons, tandis que nos voiſins ſe ſont conſtamment appliqués à améliorer les leurs, nous avons laiſſé abâtardir les nôtres. Il ſemble que les ſuccès à cet égard des Nations nos rivales, bien loin d'exciter notre émulation, n'aient ſervi qu'à nous porter au déſeſpoir de pouvoir les égaler. Cependant des eſſais tentés depuis quelques années, ont dû nous raſſurer ſur cet article; quoique ces épreuves n'aient pas été ſuivies comme il auroit été à déſirer qu'elles le fuſſent, elles ſuffiſent pour prouver que nous pouvons nous procurer toutes les qualités de laines convenables aux draps & lainages communs & demi-fins, & que l'on peut même eſpérer de parvenir à ſe procurer des laines ſuperfines.

Ce n'eſt pas ici le lieu de développer les moyens d'y réuſſir. Nous avons remis, il y a déjà long-temps, au Gouvernement différens Mémoires, dans leſquels on fait ſentir la néceſſité de s'occuper de cet objet, & l'on détaille les méthodes convenables pour procurer à la France les races les plus parfaites, & les multiplier en proportion de nos beſoins, qui ſont très-étendus. Nous faiſons des vœux pour qu'on prenne en conſidération les moyens contenus dans ce Mémoire. Quoique notre conſommation ſoit très-inférieure à ce qu'elle devroit être, nous croyons cependant pouvoir aſſurer que nous recueillons, année commune, environ *trente millions* de livres peſant de laine. Ce calcul eſt fondé ſur la même baſe dont nous ſommes partis pour eſtimer la quantité de beſtiaux qui ſe conſomment, année commune, en France. Il eſt encore fondé ſur l'état général des différentes eſpeces de fabrications en laines & lainages du Royaume. Ces deux ſemi-preuves s'étayent mutuellement, & forment quelque choſe de plus qu'une ſimple probabilité.

### Soie.

La ſoie eſt la matiere premiere de beaucoup d'objets de manufactures. Le mûrier, dont les feuilles ſervent de nourriture au ver qui fournit la foie, réuſſit aſſez bien par-tout ; il paroît cependant que les pays chauds ſont les plus propres à ſa culture. Les eſſais faits dans nos provinces de l'intérieur & du Nord, n'ont pas juſqu'à préſent fourni des ſoies dont la qualité approchât de celles de nos provinces méridionales. Sans blâmer la culture du mûrier dans les Provinces du Nord, on croit qu'il convient de l'animer de préférence dans celles où il réuſſit le mieux.

Quoique la France recueille à peu près une quantité de ſoies égale à celle dont elle auroit beſoin pour les différentes eſpeces de fabrication en ſoierie, néceſſaires à ſa conſommation ; cependant il n'eſt pas moins vrai qu'elle eſt tributaire de l'Etranger (1) pour cette matiere premiere, en raiſon de la quantité d'étoffes & de bonneterié en ſoie qu'elle exporte. Elle le ſeroit beaucoup moins, ſi ceux qui récoltent des ſoies, vouloient ſe départir de leur ancienne routine dans les premieres opérations du tirage & de la filature, & ſe ſervir de moulins plus parfaits pour organciner leur ſoie. Pluſieurs établiſſemens formés en grand, ont prouvé que nous pouvions leur donner un degré de perfection égal à celui que leur donnent les Piémontois ; mais en général on eſt fort éloigné en France de cette perfection. Quoiqu'il en ſoit, d'après les renſeignemens que nous nous ſommes procurés, nous croyons qu'on peut évaluer à *vingt-cinq millions* la totalité des ſoies que nous récoltons en France.

### *Le Lin & le Chanvre.*

Il eſt peu de Provinces de France qui n'aient beaucoup de terreins propres à la culture de ces deux plantes précieuſes. Pluſieurs en fourniſſent d'une quantité ſupérieure.

---

(1) La balance payée à l'Etranger pour cet article, a paſſé vingt-ſept millions, année commune, dans les années 1777 à 1781, & à peu près autant en 1787.

On peut cependant affurer qu'aucune ne tire de cette culture tout le parti qu'elle offre à l'induftrie. Elle eft très-
négligée, même dans les provinces qui y font les plus propres; auffi payons-nous un tribut à l'Agriculture étrangère,
pour alimenter nos fabriques de ces deux productions.
Quelque négligées qu'elles foient, elles fourniffent néanmoins à nos Manufactures pour plus de *cinquante millions
de matiere premiere.* Quelle maffe de richeffes n'en devroit-
on pas attendre, fi elle étoit auffi animée qu'elle devroit
l'être ?

### Education des Abeilles.

Cette branche d'induftrie tient à l'Agriculture; elle ne
peut s'exercer que dans la campagne. Elle eft d'autant plus
avantageufe, que tout eft bénéfice. En effet, cet infecte
précieux n'exige que quelques foins momentanés, & un
très-petit local; il s'alimente fans rien retrancher fur la
nourriture des hommes & des animaux. Son éducation
très-facile, eft beaucoup trop négligée en France, où elle
pourroit être une reffource pour les cantons moins favorifés
de la Nature, & auxquels la vente de la cire & du miel
procureroit une forte d'aifance qu'ils ne peuvent efpérer
d'autres productions que leur fol leur refufe. Notre luxe,
qui augmente journellement la confommation de la cire,
feroit ainfi refluer dans les campagnes les plus miférables,
l'aifance qu'il prodigue aujourd'hui à l'injuftice étrangere (1).

En rapprochant les différens objets dont nous venons
de parler, on voit que la France produit, année commune,
cent foixante-huit millions de quintaux de grains de toute
efpece, d'où défalquant vingt-huit millions pour les fe-
mences, il refte, pour fournir aux confommations, cent

---

(1) De 1777 à 1781, la France a payé, année commune, douze cent mille
livres pour balance, tant de la cire que du miel, & près de quinze cent mille
livres en 1788.

quarante millions de quintaux de grains, que l'on peut
évaluer à cinq livres, ci. . . . . . . . . . .    700,000,000

   Consommation en bestiaux.. . . . . . .    400,000,000

   Fourrages.. . . . . . . . . . . , . . .    60,000,000

   Vins & eaux-de-vie, environ.. . . . . .    350,000,000

   Huiles, à peu près un million de quin-
taux à soixante livres.. . . . . . . . . . .    60,000,000

   Bois. . . . . . . . . . . . . . . .    146.000,000

   Laine, pour environ. . . . . . . . .    35,000,000

   Soie, pour environ. . . . . . . . . .    25,000,000

   Lin & chanvre.. . . . . . . . , . . . .    50,000,000

                                   1,826,000,000

Il faut déduire sur cette somme les frais de culture.
On ne peut pas les évaluer à une somme moindre que
la moitié du produit, eu égard aux avances en argent
qu'exigent plusieurs objets, notamment l'achat des bestiaux pour la culture; ainsi le produit net ne seroit que
d'environ neuf cents millions (1).

A la vérité, les fruits, légumes, cire, miel, charbon
de terre, & les différens minéraux dont on parlera par la
suite, ne sont point compris dans la somme totale de nos
productions. Au premier aspect, une masse de richesses
territoriales d'*un milliard huit cent vingt-six millions*, paroîtra sans doute considérable; mais qu'on la rap-
proche de l'étendue de la France (2), & de la population, on sera étonné qu'elle ne réponde qu'à un produit

_________________________________________________

(1) Le retranchement des frais de culture ne doit avoir lieu que pour la fixation du revenu net que retirent les Propriétaires, & pour déterminer la quotité
des impositions qu'ils doivent supporter, puisque les Cultivateurs vivent sur les
frais de culture, comme les Propriétaires vivent sur le revenu net. On auroit pu
mettre dans une classe à part le produit des bois & celui des prairies qui ne sont
susceptibles que d'un léger retranchement pour les frais de culture; mais comme
on s'est proposé de ne présenter que des masses, on a pensé qu'on pouvoit se
dispenser de faire cette distinction.

(2) Dans un Ouvrage intitulé, *Tableau Territorial de la France*, on articule,
1°. que M. de Vauban évalue l'étendue de la France à trente mille lieues quar-

de 67755 liv. par lieue quarrée, & à environ 74 liv. pour chaque habitant. On sera alors frappé de ce qu'un royaume, qui passe assez généralement pour très-fertile, & dont l'heureuse position entre les froids glaçans du Nord, & les chaleurs desséchantes du Midi, lui permet d'aspirer à toutes les espèces de productions, fournisse à peine à sa propre consommation, qui n'approche pas de ce qu'elle pourroit & devroit être. Ce n'est pas dans les grandes villes que l'on peut juger de ce défaut de consommation, l'éclat des prodigalités du riche empêche de reconnoître les privations de la classe nombreuse de ceux qui ne vivent que de leur travail. On ne peut bien observer l'insuffisance des produits de notre sol, que dans les petites villes & dans les campagnes, où le peuple mal nourri est souvent réduit à ne consommer que ce qu'il lui faut pour ne pas mourir de besoin, & est obligé de se priver & de refuser à ses enfans ce qui seroit nécessaire au soutien & à l'accroissement de leurs forces. C'est cependant dans la force & dans la multitude des bras des Cultivateurs[a], que résident la puissance & les richesses de l'Etat. Comment des corps énervés par la disette pourront-ils le défendre contre ses ennemis, s'il est attaqué? Comment forceront-ils la terre, par leur travail, à renouveler sans cesse ses productions? Ne nous abusons pas; l'espèce hu-

---

rées, ce qui donne cent quarante millions neuf cent quarante mille arpens de terre, dont cent douze millions sept cent soixante mille en culture.

2°. Que l'Auteur de l'Apologie sur l'Edit de Nantes porte son évaluation à cent trente-cinq millions six cent mille arpens, dont soixante-dix millions quatre cent soixante-dix mille arpens seulement en culture.

3°. Que M. de Voltaire, dans l'*Homme aux quarante écus*, évalue les terres de la France à cent trente millions d'arpens, & qu'il réduit à soixante-cinq millions celles en culture.

4°. Que M. Necker porte son évaluation à vingt-six mille neuf cent cinquante-une lieues quarrées; ce qui donne cent vingt-six millions six cent treize mille cent quatre-vingt-dix-huit arpens. M. Necker ne s'explique pas sur la quantité de terre en culture. --- Nous nous sommes arrêtés à l'évaluation faite par M. Necker.

maine a beaucoup dégénéré en France ; n'en attribuons la caufe qu'à la mifere dans laquelle le Cultivateur eft plongé, & à la corruption des mœurs parmi les riches ; les germes productifs ont à peine la force d'éclore, & font étouffés le plus fouvent dans leur naiffance. Ceux qui fe développent ne forment que de chetifs rejetons qui font bientôt deffechés, & manquent de la vigueur néceffaire pour fe reproduire. Les années abondantes en grains ne laiffent à la France qu'un léger fuperflu ; & dans les années de récoltes médiocres, elle feroit privée du néceffaire, fans le retranchement des confommations, auquel fe réduit la claffe indigente. Le plus grand nombre de ceux qui compofent cette claffe eft dans l'impoffibilité de confommer des viandes, ou ne confomme que des viandes falées, & encore rarement. Nous fommes obligés d'avoir recours à l'Etranger pour les huiles, la laine, le lin, le chanvre & la cire ; enforte que, parmi les différentes branches de notre Agriculture, il n'y a réellement que la vente de nos vins à l'Etranger, qui augmente nos richeffes nationales, jufques à concurrence d'une fomme d'environ trente millions par année. Ce produit eft précieux fans doute ; mais il ne fçauroit nous dédommager de la perte que nous éprouvons par l'engourdiffement dans lequel font plongées les autres parties de la culture ; elle eft à la terre ce que l'aifance eft au Cultivateur. Peut-être que jufqu'à préfent on n'a pas affez confidéré combien l'une influe fur l'autre : peut-être auffi que la mifere des gens de la campagne n'a pas été affez-calculée. On ne fçauroit trop fixer fes regards fur cet objet, fur-tout aujourd'hui que le Commerce ne préfente à aucune Nation de l'Europe des moyens légitimes d'acquérir de grandes richeffes hors de fon territoire. Les richeffes territoriales feront, plus que jamais, les vraies richeffes de l'Etat ; & le Gouvernement, qui appliquera l'induftrie nationale à leur donner toute leur valeur, fera celui qui procurera à la Nation la puiffance la plus folide.

# DEUXIEME PARTIE.

## *Manufactures.*

Dans le nombre des moyens qui peuvent contribuer à donner le plus de valeur aux produits de notre Agriculture, les Manufactures doivent incontestablement tenir le premier rang, puisqu'elles lui procurent l'avantage inestimable d'employer les bras d'un nombre considérable de sujets, qui, sans elle, resteroient oisifs & seroient livrés aux horreurs de la misere.

De ce premier avantage en résulte un second, qui n'est pas moins important : c'est que plus le goût du travail est répandu, moins est cher le prix de la main-d'œuvre : cette cherté moindre opere à son tour un débit plus facile des productions de l'industrie, & à égalité de prix des matieres premieres, elle assure à une Nation la préférence sur celle où la main-d'œuvre coute davantage.

Ces principes présupposés, nous allons exposer le tableau général de nos différentes especes de fabrications. Il a été dressé d'après des états particuliers de chaque Province. Malgré cela, nous ne le regardons que comme approximatif de la vérité ; il pourra, dans la suite des temps, devenir plus parfait, & par conséquent plus instructif.

Nous commencerons par l'espece de fabrication dont le pauvre, comme le riche, fait usage.

## *Toiles & Toileries.*

On peut en distinguer deux classes principales.

1º. Les toileries en lin & en chanvre.

2º. Les toileries en coton, ou mélangées de coton, & de lin ou chanvre.

Nos Manufactures en toileries de lin & de chanvre for-

Toiles de lin & de chanvre.

ment une branche bien importante de l'induſtrie nationale. Nous avions autrefois une ſupériorité bien marquée ſur toutes les Fabriques étrangeres dans pluſieurs eſpeces de toiles. Auſſi le débouché de nos Fabriques n'étoit pas borné à la conſommation intérieure ; nous en exportions des parties conſidérables ; l'Eſpagne & ſes Colonies en Amérique s'approviſionnoient preſque uniquement de nos toiles. Nous partageons actuellement cette fourniture avec beaucoup d'autres Nations, notamment avec la Siléſie, la Flandre Autrichienne, & l'Irlande. D'un autre côté, l'Eſpagne a cherché à ranimer chez elle la fabrication. Ce n'eſt pas tout ; notre conſommation intérieure ſouffre par l'effet de l'importation des parties conſidérables de toileries étrangeres de tout genre, & entre autres des toileries en coton, ou mélangées de coton, de lin & de chanvre. Le goût pour les habillemens en blanc eſt devenu ſi dominant, que nos Manufactures en ce genre auroient dû, ce ſemble, prendre de l'accroiſſement ; cependant elles languiſſent ; nos Ouvriers ſont déſœuvrés : la raiſon n'eſt pas difficile à trouver, les Manufactures étrangeres peuvent donner leurs toiles à meilleur marché que nous ; elles ſont ſûres de la préférence. Quant aux mouſſelines, on peut à peine regarder leur fabrication comme exiſtante en France. Nous n'en ſommes encore qu'à des eſſais, au moins en ce qui concerne les mouſſelines d'une certaine fineſſe. En attendant que nous ayons réuſſi à en fabriquer de cette eſpece à un prix modéré, nous conſommons celle de l'Inde & de la Suiſſe. Comme cette conſommation s'étend tous les jours, il paroît digne de l'attention du Gouvernement de ne pas négliger les moyens de naturaliſer cette fabrication chez nous. Nous y avons double intérêt : celui de procurer le débouché d'une production de nos Colonies, & celui de donner de l'occupation au Peuple, ſur-tout aux femmes & aux enfans. La foibleſſe de leur ſexe ou de leur âge ne leur permettant pas de ſe livrer aux travaux de l'Agriculture, ni d'exercer des métiers qui exigent de la force, il

eſt

eſt bien intéreſſant de leur aſſurer du travail, qui, étant à
leur portée, leur donne les moyens de ſubſiſter. Et quelles
Fabriques peuvent mieux remplir cet objet, que celles des
toileries en général ? Puiſque dans les mouſſelines preſque
tout eſt main-d'œuvre, & que dans les autres eſpeces de
toiles, on peut regarder que la matiere ne fait que le quart
de la valeur, le reſte eſt pour les frais & pour le bénéfice
de la fabrication.

Nous tirons de l'Etranger une partie des matieres premieres qui alimentent nos toileries de toute eſpece (1).
Nous pourrions facilement nous les procurer chez nous ;
j'y comprends même le coton, puiſque nos Colonies pourroient en alimenter nos Fabriques. La culture de ce précieux végétal ne ſçauroit être trop encouragée dans nos
poſſeſſions en Amérique, non ſeulement parce qu'elles ne
nous fourniſſent pas la quantité dont nous avons beſoin,
mais encore parce que les cotons qu'on y récolte ſont en
général ſupérieurs en qualité à ceux du Levant. Ils ne
peuvent, à la vérité, convenir aux cotonnades communes,
& nous ſerions toujours-obligés d'avoir recours aux cotons
du Levant pour ces étoffes ordinaires ; mais nous vendrions
une plus grande quantité de ceux que produiroient nos
Colonies ; & bien loin d'être tributaires pour cet objet des
Puiſſances rivales, nous aurions l'avantage ſur elles. Dans
l'état actuel des choſes, la quantité des cotons fins que
nous exportons n'équivaut pas à celle que nous importons,
& cependant il s'en faut de beaucoup que nos Fabriques
en conſomment autant qu'elles le pourroient. Ce fait eſt
prouvé par les achats que nous faiſons des cotonnades
étrangeres, & par l'inaction de pluſieurs de nos Manufactures. Nous devons ajouter qu'un grand nombre de celles
qui ſont en activité tirent de l'Etranger des parties conſi-

----

(1) Les fils de lin & de chanvre ont coûté, année commune, de 1777 à 1781,
550 mille livres, & près de 3 millions 300 mille livres en 1787.

D

dérables de cotons filés, & privent le Peuple du falaire que la filature de ce coton devroit lui procurer ; & comme cette façon eft la groffe dépenfe de la fabrication dans ce genre, nous perdons une grande partie de l'avantage que nous pourrions en retirer. Ce mal eft encore plus grand que le premier, & exige que le Gouvernement faffe tous fes efforts pour y remédier.

Quoi qu'il en foit, on peut évaluer à environ 200 *millions*, année commune, toutes nos différentes efpeces de fabrications en toiles & toileries.

Bonneterie en fil & coton.

Nos Manufactures de bonneterie en fil & en coton fe reffentent encore plus que les toileries, de la langueur caufée par la concurrence étrangere, foit au dedans, foit hors du Royaume. On voit avec douleur d'anciens Entrepreneurs de Fabriques dans ce genre, renoncer à la fabrication, pour fe livrer au Commerce des productions des Manufactures étrangeres. Il ne fe forme prefque plus d'Ouvriers dans nos ateliers, qui bientôt feront déferts.

Notre bonneterie en fil peut aller, année commune, à. . . . . . . . . . . . . . . . . . . . . . . . . . . . 6,000,000

Celle en coton, à. . . . . . . . . . . . . 9,000,000

Ces deux fommes jointes à celle de 200,000,000 à laquelle nous évaluons le montant de nos fabrications en toiles de lin, chanvre & coton, nous donnent un total de. . . . . .215,000,000

Mais la totalité de cette fomme ne peut être regardée comme faifant partie de la richeffe nationale. La valeur des matieres premieres doit en être diftraite.

En effet, ou elles proviennent de notre fol, ou bien nous les tirons de l'Etranger. Dans le premier cas, ce feroit faire un double emploi que de les comprendre dans le produit de notre induftrie, puifqu'elles font partie des productions de notre territoire. Dans le fecond cas, leur valeur diminue d'autant celle des étoffes fabriquées.

Cette obfervation doit s'appliquer à toutes les efpeces

de fabrications. On ne la répétera plus ; on se contentera de défalquer le montant des matieres premieres de la valeur de chaque espece fabriquée.

La main-d'œuvre pour les fabrications en lin & chanvre, fait plus des quatre cinquiemes du prix des toiles, & elle monte environ aux deux troisiemes sur les cotonnades. On peut regarder comme un résultat approchant de la vérité, que la main-d'œuvre sur ces objets entre pour les trois quatriemes dans leur valeur, & la matiere premiere pour un quart. Les productions de notre fabrication étant un objet de 215 millions, nous devons porter le montant de la main-d'œuvre à 161 *millions 250 mille livres.*

### *Dentelles.*

La matiere premiere peut à peine être comptée pour quelque chose dans la fabrique des dentelles. On peut dire que tout y est main-d'œuvre, & que ces Fabriques créent les ouvrages qu'elles produisent. Les révolutions de la mode ont beaucoup ralenti la consommation des dentelles. Mais quoique cette branche ne soit pas aussi animée qu'elle l'a été autrefois, nous ne profitons qu'en partie du bénéfice de la petite quantité que nous faisons, puisque nous tirons de l'Etranger une partie du fil qui sert à la fabrication des dentelles.

Nous n'avons rien découvert qui ait pu nous faire connoître à combien monte leur produit ; mais après avoir beaucoup considéré la quantité de petites dentelles qui se fabriquent dans les campagnes, notamment dans le Velay, nous croyons qu'on peut en évaluer la main-d'œuvre à 10 *millions.*

Pour traiter de toutes les Fabriques qui emploient le lin & le chanvre, nous aurions désiré de pouvoir donner un apperçu des rubans de fil, lacets, fils à coudre, cordes, cordages & filets qui se font & se consomment en France ; la quantité en est considérable ; mais les renseignemens

nous manquent également fur cet objet. Nous en eftime-
rons la main-d'œuvre à la même fomme de 10 *millions.*

*Lainages.*

Les Manufactures de lainages comprennent les draperies,
fergeteries, cameloteries, & autres Fabriques de toute
efpece qui emploient la laine.

Cette branche d'induftrie eft très-animée en France; &
cependant il s'en faut de beaucoup qu'elle foit dans l'état
de profpérité que l'on pourroit lui procurer. Les Manufactures les plus floriffantes en ce genre font celles des draperies fines; elles fourniffent à prefque toute la confommation intérieure, & elles forment une branche d'exportation. Mais cette profpérité n'eft pas tout à l'avantage
de l'Etat. Les matieres premieres, qui font l'aliment de ces
Manufactures, fe tirent de l'Etranger, & le montant de
ce qui fe vend au dehors en draperies fines, ne fuffit pas
pour folder l'achat des matieres premieres qu'elles confomment. Malgré cela, elles font très-précieufes, puifqu'elles fourniffent de l'occupation à un grand nombre
d'Ouvriers : fi elles n'exiftoient pas, on confommeroit toujours en France à peu près autant de draperies fines, & on
payeroit un tribut de plus à l'induftrie étrangere. Il eft
donc effentiel de veiller à la confervation de ces Manufactures, en procurant toutes les facilités poffibles pour
l'importation des matieres premieres qui les alimentent;
fans cependant négliger les moyens qui pourroient en
naturalifer la production en France. Pour faire fentir
combien il eft important de n'avoir plus recours à l'Etranger pour cet objet, il fuffit de réfléchir que tant que nous
ferons forcés de nous adreffer au dehors pour alimenter
nos Fabriques, elles feront toujours dans un état précaire
& dépendant. Si l'Efpagne prenoit pour fes laines le même
parti que l'Angleterre a pris & foutenu pour les fiennes,
nos Manufactures de draperies fines tomberoient de fuite,

Draperies fines.

faute d'aliment. Dans l'état actuel, le montant de notre fabrication en draperies fines peut être évalué à 40 *millions*.

Si on ne confidéroit que la maffe des productions des draperies communes, des fergeteries & cameloteries, on pourroit les croire plus floriffantes que les Fabriques des draperies fines. En effet, les établiffemens de ces dernieres font en petit nombre, au lieu que dans toutes les Provinces on fabrique des draperies communes. Mais fi l'on envifage l'étendüe dont l'une & l'autre branche font fufceptibles, on fe convaincra que les draperies fines ont prefque atteint le degré d'accroiffement auquel elles peuvent arriver; au lieu que les Fabriques de draperies communes font infiniment moins actives & moins parfaites qu'elles ne devroient l'être. Quoique la confommation générale des draperies communes & des fergeteries foit beaucoup plus confidérable que celle des draperies fines, nous n'envoyons pas plus des unes que des autres à l'Etranger. Notre confommation intérieure eft beaucoup au deffous de ce qu'elle devroit être, vu la population du Royaume. La mifere du Peuple, fur-tout dans certains cantons, le met hors d'état de s'habiller à neuf. Des haillons de toiles groffieres dans toutes les faifons, compofent l'habillement des Payfans dans plufieurs de nos Provinces.

Quelle différence entre notre pofition à cet égard, & celle de l'Angleterre! Le Peuple eft en général bien vêtu en Angleterre, auffi la confommation intérieure y eft très-confidérable; & cependant les Anglois fourniffent prefque exclufivement les grands marchés de l'Europe, en draperie commune, fergeterie, cameloterie. Leur exportation en ce genre eft au moins triplé de celle que nous faifons en toute efpece de lainage. La qualité particuliere & le bas prix de leurs laines leur vaudront la fupériorité fur leurs concurrens, jufqu'à ce que, par des précautions fages & fuivies, nous nous foyons procuré les mêmes avantages, ou au moins jufqu'à ce que nous ayons cherché à les compenser par l'économie sur la fabrication, & par des attentions suivies sur sa perfection.

Les draperies communes & les sergeteries sont une branche précieuse d'industrie; 1°. parce qu'elles consomment nos matieres premieres. 2°. Parce qu'exigeant moins d'industrie, & moins de fonds d'avance que les draperies fines, elles peuvent se fabriquer par-tout, & procurer de l'occupation à toutes les classes des habitans de la campagne, qui ne sont pas occupés aux travaux de l'Agriculture; & ceux même qui s'y livrent habituellement, peuvent s'occuper de ces fabriques quand les travaux de la campagne sont interrompus.

3°. Leur consommation étant presque générale, les Manufacturiers en trouveront toujours le débouché, à moins qu'ils ne soient gênés par des importations de marchandises étrangeres de même espece.

Les camelots, les étamines, sont une partie intéressante pour les Manufactures de lainage, en ce qu'elles consomment peu de matieres, en raison de leur valeur, qui est en plus grande partie pour le prix de la main-d'œuvre : il en résulte qu'elles procurent une masse de travail beaucoup plus considérable que ne sembleroit l'indiquer, au premier apperçu, leur valeur numéraire. Leur conservation & leur accroissement sont donc bien à désirer chez une Nation qui manque de matieres premieres, & qui a des bras oisifs.

Notre fabrication en tous ces différens articles peut faire un objet de 100 *millions*.

Chapellerie.    Notre Chapellerie, autrefois si florissante, est actuellement presque réduite à la consommation intérieure. L'établissement des Fabriques de chapeaux dans différens pays de l'Europe, que la France fournissoit autrefois, & le renchérissement des matieres premieres, ont été les causes de cette diminution. On ne sçauroit espérer de voir ce commerce reprendre l'activité d'exportation qui l'enrichissoit autrefois. Il n'a pas été possible de se procurer des renfeignemens affez fûrs pour établir une évaluation de la valeur numéraire de notre fabrication en ce genre ; cependant, en confidérant qu'il peut y avoir 9 à 10 millions de perfonnes en France qui confomment des chapeaux, & en évaluant la confommation annuelle de chacun à 2 livres, on auroit environ 20 *millions* pour le montant de notre fabrication en chapellerie ; calcul que l'on peut adopter, en réfléchiffant que le montant des exportations compenfe bien ce qu'il pourroit y avoir d'éxagéré dans l'évaluation de la confommation intérieure.

La bonneterie en laine déchoit journellement ; elle ne peut foutenir la concurrence des Anglois, qui ont fur nous l'avantage du bas prix, de la bonne qualité, & d'un emploi plus induftrieux de la matiere premiere. Cette branche d'induftrie eft précieufe par les mêmes motifs qui doivent faire eftimer les draperies communes. Des obfervations fuivies fur les avantages du Commerce & fur fa marche, ont dû faire reconnoître depuis long-temps, combien les Fabriques communes contribuent plus à la profpérité de l'Etat que celles de luxe. On doit bien regretter que cette vérité ait été long-temps méconnue. On a été trop ébloui par l'éclat des Manufactures en draperies fines & en foieries & dorures.

Les productions de notre fabrication en bonneteries de laine peuvent aller à 25 *millions*.

Ainfi, en réfumant les différentes branches de nos Fabriques de lainage, on voit que le montant des draperies fines eft un objet de 40 *millions*, ci    40,000,000

Celui des draperies communes, fergeterie, cameloterie, *cent millions*, ci . . . .    100,000,000

Chapellerie, *vingt millions*, ci . . . . .    20,000,000

Bonneterie, *vingt-cinq millions*, ci . . .    25,000,000

           185,000,000

Tous les genres de fabrication en lainages rapprochés, on peut eftimer que le prix de la main-d'œuvre fait moitié du montant total de ces productions ; on peut donc porter pour cet objet la somme de 92 *millions* 500 *mille liv.*

## *Soierie.*

Etoffes de foie brochées en or & argent.

Nos Manufactures en ce genre ont été pendant long-temps très-floriffantes. Le talent de nos Deffinateurs, dont le goût produifoit continuellement des nouveautés agréables, affuroit à nos Manufactures une fupériorité décidée fur toutes celles que l'on tentoit d'établir à l'Etranger. Nous avons bien perdu de ces avantages. Il eft peu de pays en état de confommer des étoffes de foie, qui n'aient formé des établiffemens confidérables dans ce genre. Auffi nos Fabriques de foierie déclinent-t-elles plutôt qu'elles n'augmentent, quoique le luxe de la foierie ait gagné bien des claffes de Citoyens auxquels il étoit inconnu autrefois. On ne peut guere avoir l'efpérance de leur voir reprendre leur ancienne activité, à moins que la confommation intérieure ne fe ranime par un changement général dans la maniere de penfer des femmes fur la parure. Les toiles & toileries peintes, & enfuite celles en blanc de toutes efpeces, leur ont paru mériter la préférence fur les plus belles étoffes de foie. Ce changement de goût n'auroit porté aucun préjudice au Royaume, il y auroit même gagné, fi nos toiles euffent égalé en fineffe & en beauté celles étrangeres ; mais comme elles ne pouvoient, à aucuns égards, foutenir la concurrence, la perte que nous avons faite, quant au défaut de confommation des étoffes riches, a été d'autant plus grande, que toutes les Cours étrangeres fe modelant affez généralement pour les modes, fur celles de France, n'ont plus été auffi empreffées qu'autrefois d'avoir tout ce qui fe faifoit de plus beau dans ce genre pour vêtemens & pour meubles : il eft fort à craindre que ce goût ne reprenne pas. Cependant, malgré la perte que nous avons faite de l'article des étoffes riches, & quoiqu'il foit vrai en général que

les

les Manufactures de foieries ne foient pas auffi importantes qu'on feroit tenté de le croire , en ne s'arrêtant qu'à la maffe de leur produit, il n'eft pas moins vrai, d'un autre côté, qu'elles fourniffent encore une fomme de travail confidérable aux Ouvriers pour la fabrication des étoffes unies & mi-riches, & que fi nous ne veillons pas avec la plus grande attention à conferver ces triftes reftes de notre induftrie, nous deviendrons, même à cet égard, tributaires de l'Etranger, qui a la matiere premiere à beaucoup meilleur compte que nous. Nous ne le fommes déjà que trop pour cet objet ; il feroit poffible de ne pas l'être en favorifant la culture de nos mûriers, & en adoptant pour le tirage des foies les réglemens fages de nos voifins.

Dans l'état actuel des chofes, on peut évaluer le montant de notre fabrication en étoffes de foie à environ 70 *millions*, ci. . . .  70,000,000

A quoi il faut ajouter pour le montant des productions de notre bonneterie en foie, 25 *millions*, ci. . . . . . . . . . . . .  25,000,000

Il faut encore y joindre la valeur des rubans, gazes, blondes, & des ouvrages de paffementerie, qu'on peut évaluer 30 *millions*, ci.  30,000,000

125,000,000

La main-d'œuvre fur les ouvrages en foie ne va pas au delà du tiers de la valeur des productions ; ainfi le montant de toute notre fabrication en foierie étant de 125 *millions*, on a pour la valeur de la main-d'œuvre un peu plus de 41 *millions* 600 *mille livres*, ci.  41,600,000

### *Modes.*

Nous n'achetons rien à l'Etranger pour cette branche d'induftrie. Depuis long-temps il paye un tribut affez confidérable au goût de nos Artiftes en ce genre ; cependant

l'exportation en eſt bien diminuée, depuis que les établiſſemens ſe ſont multipliés dans différens États de l'Europe.
La facilité que nous avons eue d'y envoyer des mannequins
ou poupées habillées à la françoiſe, a produit, en ce genre,
le même mal que l'envoi des échantillons. Les Etrangers
ont copié ceux-ci pour la fabrication & les deſſins de leurs
étoffes, de même qu'ils ont imité nos modes pour les vêtemens. Mais comme les modes & les deſſins ſont plutôt
le produit de l'eſprit inventif & même de la fantaiſie, que
du bon goût, nous aurons toujours de l'avantage ſur eux
pour toutes les nouveautés; auſſi notre conſommation intérieure en choſes de modes, eſt-elle auſſi forte que l'on
puiſſe le déſirer. Cette branche d'induſtrie n'eſt pas à mé-
priſer, puiſqu'elle fournit du travail au peuple; mais ce
n'eſt pas celle que les bons Citoyens ſouhaiteroient le plus
de voir s'accroître. Heureuſement la main-d'œuvre, pour
lui donner toute l'élégance & la perfection néceſſaire &
capable de ſéduire, ne peut réuſſir que dans la capitale, ou
dans quelques grandes villes, dont les habitans ſoient aſſez opulens pour payer une contribution au luxe : c'eſt
de là que les articles de ce genre refluent dans les Provinces; la tentation eſt moins prochaine, par conſéquent
moins dangereuſe.

Comme toutes les choſes néceſſaires pour les modes nouvelles ſont partie de nos différentes fabrications qui ont
déjà été eſtimées, on ne doit faire entrer dans le calcul
des produits généraux de notre induſtrie, que la main-d'œuvre; nous croyons qu'elle peut être évaluée à 5 *millions.*

*Ameublemens.*

Nous ne comprenons dans cet article que les tentures
pour tapiſſeries, & les étoffes néceſſaires pour couvrir les
meubles meublans.

Avant que les toiles & les papiers peints aient eu la
vogue qu'ils ont aujourd'hui, nous étions fondés à dire
que nos tentures de ſoie en damas de trois couleurs, ou

en étoffes brochées & nuées, furpaffoient en beauté toutes
celles qui fe fabriquoient dans l'Etranger. La République
de Gênes marchoit d'un pas égal avec nous pour la perfection de la fabrication de damas ; mais nous l'empor-
tions fur elle par la beauté & la variété de nos deffins.
La diminution de la confommation de ce genre de tentures en a opéré une confidérable dans la fabrication des
étoffes de foie qui fe faifoient à Tours & à Lyon. On y
fabrique encore une certaine quantité d'étoffes brochées
& nuées pour meubles ; leur valeur fait partie de la fomme
à laquelle nous avons fixé le produit des étoffes en foie.
Ainfi nous ne le comprendrons point ici, & nous ne parlerons que des tentures faites en tapifferie.

Nous avons entendu dire qu'il s'en fabrique dans les deux
Manufactures du Roi, des Gobelins & de la Savonnerie,
année commune, pour environ *un million* ; nous en doutons : confidération faite de la fomme à laquelle on peut
porter la fabrication des tentures de Beauvais, de celles
d'Aubuffon & Feuillétin. On n'en Fabrique pas, année commune, dans les trois Manufactures, pour plus de *400 mille liv.* ;
y compris même les tapis de pied ; cependant elles fe vendent
meilleur marché que celles des Gobelins, qui font prefque
toutes deftinées, ainfi que les beaux tapis de pied de la
Savonnerie, à faire des préfens aux Souverains Etrangers
ou à leurs Ambaffadeurs. Sous ce point de vue, la dépenfe,
telle qu'elle puiffe être, eft de l'argent bien employé,
parce que, d'une part, elle occupe des bras ; que d'autre
part, elle perfectionne l'Art de la Tapifferie ; & qu'enfin
elle donne aux Etrangers une jufte idée de l'induftrie Françoife, lorfqu'elle veut atteindre au plus haut degré dans
tous les genres.

La Manufacture de Beauvais, quoique moins parfaite
que celle des Gobelins & que celle de la Savonnerie, a
fait cependant des progrès confidérables depuis quelques
années ; elle tient le milieu entre celles-ci & celles d'Aubuffon, qui ont également acquis beaucoup de perfection

dans la partie des fleurs & dans l'imitation des animaux ; mais ces branches de Commerce ne feront jamais bien confidérables, attendu la cherté de la fabrication.

Il fe fabrique auffi des tapifferies d'une très-baffe qualité à Nancy, & d'autres en Flandre un peu fupérieures à celles de Lorraine. Toutes ces différentes efpeces de fabrication ne forment pas un objet de 800 *mille livres*, fûr lefquelles, déduction faite d'une moitié pour la valeur des matieres premieres & de la teinture, il refte à peine pour la main - d'œuvre 400 *mille livres*. En fuppofant que les Gobelins & la Savonnerie donnent un produit égal, le total ne fera que de 800 *mille livres*, ci 800,000 liv.

### Mercerie & Quincaillerie.

La mercerie & la quincaillerie, en tous genres, pourroient être une fource intariffable d'occupation pour le peuple ; leurs travaux multipliés & variés à l'infini, fe prêtent à tous les degrés poffibles d'induftrie, d'adreffe & de force. La confommation en eft confidérable, puifque toutes les claffes de la Société ont un befoin continuel de leurs productions. Nous en fourniffons quelques parties à l'Etranger ; mais elles n'approchent pas de la maffe de nos importations. Cet objet a paru mériter depuis quelque temps l'attention du Gouvernement, principalement en ce qui concerne la partie de la quincaillerie proprement dite, qui peut-être avoit été trop négligée. La mauvaife qualité de nos aciers avoit contribué à notre affoupiffement ; il faut efpérer qu'avant peu nous en fortirons (1).

La variété des productions de la mercerie & de la

---

(1) Il a été formé depuis quelque temps deux établiffemens affez confidérables, l'un placé à l'Hôpital des Quinze-Vingts, rue Charenton, dans lequel on polit l'acier auffi parfaitement qu'en Angleterre ; l'autre placé à l'Hôtel de Pomponne, rue de la Verrerie, deftiné à plaquer l'or & l'argent fur les métaux. Ces deux établiffemens ont reçu du Gouvernement des encouragemens affez confidérables.

quincaillerie, ainſi que de leur prix dans chaque eſpece, ne permet guere de faire une évaluation juſte de leur montant. Il faudroit pour cela des relevés qu'il ſera toujours très-difficile de ſe procurer. Cependant on pourroit penſer que chaque perſonne conſomme pour environ 4 l. par an des différentes eſpeces de marchandiſes que fourniſſent la Mercerie & Quincaillerie, ce qui donneroit une ſomme d'environ *cent millions* pour le montant de ces productions; & comme dans beaucoup de ces productions la matiere premiere eſt d'une très-petite valeur, on pourroit juger que le prix de la main-d'œuvre en fait les trois quatriemes; ainſi on pourroit porter le montant de la main-d'œuvre de ces objets à *75 millions*.

### Tannerie, Pelleterie.

Ces Fabriques étoient autrefois très-floriſſantes. Les impôts dont on les a ſurchargés, & ſur-tout la maniere dont ils ſont perçus, les ont fait déchoir. Mais la conſommation en étant générale, elles forment toujours une branche conſidérable de notre Commerce intérieur.

Si on conſidere les Tanneries ſous le point de vue unique de leur utilité, il paroîtra bien important de les conſerver; 1°. en ce qu'en employant nos matieres premieres, elles en encouragent la reproduction, & par-là elles ſont une ſource de richeſſes pour la campagne; 2°. parce qu'elles fourniſſent de l'occupation au Peuple. Mais ſous ces deux mêmes points de vue, les Tanneries ſont bien moins précieuſes que les Toileries & les Fabriques de lainage; car d'abord ce n'eſt pas préciſément l'activité des Tanneries, mais c'eſt la grande conſommation des boucheries qui encourage la nourriture des beſtiaux; en ſecond lieu, les Tanneries procurent peu d'occupation au Peuple, en raiſon de la valeur de leur production, puiſque la main-d'œuvre forme à peine un huitieme de cette valeur, & que ſur les cuirs forts la main-d'œuvre ne va guere qu'à un quinzieme. Il paroîtra extraordinaire, & cependant rien n'eft plus vrai, que la feule fabrication des gants de Grenoble occupe prefque une quantité auffi confidérable de bras que toutes les Tanneries du Royaume; la différence en plus n'eft pas d'un tiers pour les Tanneries. On doit cependant obferver que tous les Ouvriers employés dans les Tanneries font des hommes faits & vigoureux; leurs falaires répandent plus d'aifance dans le Peuple, que le gain modique des Ouvriers en gants de Grenoble.

On peut porter à *cinquante millions* la valeur des cuirs forts & autres.

Quant aux productions des Mégifferies & Parchemineries, nous n'avons pas encore pu nous procurer des renfeignemens auffi certains que fur les Tanneries & Corroieries; mais on peut croire que la valeur annuelle de leurs productions eft un objet d'environ *dix millions*.

D'après les obfervations que l'on vient de faire fur la main-d'œuvre de ces différentes efpeces de Fabriques, on croit que l'une dans l'autre elle ne va qu'au dixieme du montant de la valeur des objets fabriqués : ainfi, comme nous avons évalué le total de la fabrication à foixante millions, la main-d'œuvre eft un objet de *fix millions*.

### *Papeteries.*

Elles fe font multipliées en France depuis un fiecle; & quoiqu'elles n'aient pas encore atteint la perfection de celles de Hollande, elles ont cependant fait depuis quelque temps des progrès fenfibles. Il y a dans la plupart des grandes villes du Royaume, des Manufactures de papiers peints pour des ameublemens, & malgré cela nous fourniffons à prefque toute notre confommation en papiers, qui eft beaucoup augmentée dans ce fiecle, & encore nous en exportons quelques foibles parties pour l'Imprimerie. On ne peut que défirer de voir profpérer & augmenter les Papeteries; prefque toute la valeur de leurs productions eft un bénéfice pour l'Entrepreneur & l'Ouvrier. La matiere premiere n'eſt, par elle-même, d'aucun prix ; celui qu'en donnent les Entrepreneurs des Papeteries, n'eſt que le ſalaire des gens appliqués à ramaſſer les peilles.

La valeur du papier fabriqué en France étant de *huit millions* au moins, & ce qu'il faut en défalquer pour les outils, la colle, l'azur, &c. formant au plus un dixieme, il reſte donc en bénéfice de Fabrique *ſept millions deux cent mille livres.*

## Orfévrerie & Bijouterie en fin.

Ces deux objets forment une branche aſſez riche de Commerce ; mais comme la matiere premiere, toute tirée de l'Etranger, en eſt la partie la plus conſidérable, elles ne procurent pas autant d'aiſance au Peuple, que d'autres branches d'induſtrie moins brillantes & moins riches en apparence. Il ſeroit difficile d'apprécier la valeur numéraire des productions de ces deux Arts. L'Auteur le plus inſtruit de la ſituation de nos Finances & de nos richeſſes (1), penſe qu'on emploie tous les ans environ *dix millions* d'or & d'argent provenant du bénéfice de notre Commerce avec l'Etranger, tant pour les ouvrages d'orfévrerie & de bijouterie, que pour les galons & les tiſſus. Cette valeur n'eſt pas toute celle de la matiere premiere qui entre dans ces différens ouvrages ; il faut y ajouter encore le montant des refontes des anciens ouvrages, & les pierreries de toute eſpece. Les notions nous manquent pour évaluer tous ces objets, qui au ſurplus ne nous feroient connoître que très-imparfaitement combien cette branche procure d'occupation au Peuple. Malgré la célébrité de nos Artiſtes en ce genre, nous n'exportons qu'une petite quantité d'orfévrerie & de bijouterie. On peut évaluer à un huitieme la main-d'œuvre ; ainſi elle eſt au moins de *deux millions cinq cent mille livres.*

_____________

(1) M. Necker, dans ſon Ouvrage ſur l'adminiſtration des Finances.

*Manufactures à feu.*

Ces Manufactures peuvent se diviser en trois classes principales , qui demandent chacune une conduite particuliére, parce qu'elles n'ont de commun entre elles que le feu, qui est leur principal instrument. La premiere classe est composée des forges à fer & de leurs dépendances.

La seconde comprend les fonderies d'argent , celles de cuivre & leurs batteries , les fonderies de plomb , celles d'antimoines & d'autres demi-métaux.

La troisieme classe est formée des verreries, qui se subdivisent en glaceries, cristalleries, & verreries communes & à bouteilles. On peut y joindre les Manufactures de faïence & celles de porcelaine. Quant aux poteries proprement dites , où se tourne & façonne la terre brute , elles sont, ainsi que les briqueries & les tuileries , des ateliers d'Artisans plutôt que de Manufacturiers.

Forges.

Nous allons parcourir les produits de ces trois classes, & nous commençons par les forges. Ce sont des établissemens précieux qui méritent de fixer les regards du Souverain & l'attention du Gouvernement, puisqu'elles n'emploient dans leurs opérations que des matieres premieres du cru du Royaume , qu'elles occupent une multitude d'Ouvriers, & qu'elles préparent à l'Agriculture & à tous les Arts secondaires les instrumens propres à leurs travaux.

L'Histoire naturelle de la France nous démontre que toutes ses Provinces recelent des quantités immenses de mines de fer ; que ces minieres qui ont été traitées de tout temps en fournissent encore, & que celles que l'on croiroit épuisées en produiront pendant une nombreuse suite de siecles , soit parce que leurs différentes couches sont séparées par des lits de sables & des pierres intermédiaires qu'on n'avoit pas osé approfondir dans des temps moins éclairés , soit parce que les mines de fer se régénerent. Le fer contenu

dans

dans les plantes & dans les animaux, opere cette reproduction.

Un préjugé mal fondé a accrédité la fauſſe opinion que les fers de France n'ont pas, comme pluſieurs eſpeces de fers étrangers, la qualité requiſe pour certains ouvrages qui exigent le nerf, la ſoupleſſe & la force. Malgré cette prévention contre nos fers, nous croyons pouvoir aſſurer que nous en fabriquons dans pluſieurs Provinces de France qui égalent la qualité des fers de Suede ; tels ſont ceux du Dauphiné, du Comté de Foix, de la Baſſe-Navarre, du Rouſſillon, & de la Corſe. Tous ces fers ſont d'une claſſe ſupérieure dans le genre des fers doux & forts, ce qui les rend propres au ſervice de la marine & de l'artillerie, & à tous les ouvrages qui exigent le fer le plus parfait. Les Provinces de Franche-Comté, du Berry, de l'Alſace, de la Haute-Lorraine, & du Limouſin, fourniſſent des fers de la ſeconde qualité, qui ont une ſoupleſſe propre à faire des fils de fers & des fers blancs auſſi parfaits que ceux d'Allemagne ; ils peuvent également ſervir à faire des eſſieux, des affûts d'artillerie, & des voitures ordinaires. Les fers de la Champagne, de la Bourgogne, d'une partie du Nivernois, des Trois-Evêchés, de l'Angoumois, du Maine & de l'Anjou, ſont de la troiſieme qualité, qui eſt propre au bandage des voitures & autres emplois de ce genre, pour leſquels il eſt néceſſaire que le fer réuniſſe la dureté avec la tenacité. Le ſurplus des autres Provinces fourniſſent les fers propres à la Serrurerie, à la Taillanderie, à la Clouterie, & aux bâtimens qui ne demandent que les deux ſortes inférieures ; car les fers qui ſont tendres & caſſans, ont néanmoins aſſez de qualité pour faire des clous à ardoiſe, & autres ouvrages de pareille nature.

Nous fabriquons des tôles de toute eſpece, & ſi l'on montoit des batteries dans nos Provinces méridionales, les tôles qui s'y fabriqueroient ſurpaſſeroient en qualité celles de la Suede. Les martinets de Champagne, de Franche-Comté & du Berry, n'ont rien ou preſque rien à acquérir pour la

F

Aciers. beauté & la qualité de leur fabrication. Nous ne fommes pas auffi avancés fur celle des aciers ; cependant il s'eft formé, depuis quelque temps, des établiffemens qui nous donnent lieu d'efpérer que nous en fabriquerons avant peu une quantité égale à celle que nous confommons. Des effais qui ont été faits fous les yeux de perfonnes très éclairées, nous ont prouvé que nous pouvions même faire de l'acier auffi parfait que celui d'Angleterre ; mais quant à préfent, nos procédés pour faire de l'acier, par la voie de la cementation, & pour faire de l'acier fondu, font plus difpendieux qu'en Angleterre ; & nos aciers naturels, faits par la méthode Allemande, font inférieurs en qualité à ceux d'Allemagne & de Styrie.

Quoique nous n'ayons pas pu nous procurer jufqu'à préfent des états exacts de la quantité de groffes forges qu'il y a dans toutes les Provinces du Royaume, & de leur produit, cependant nous fommes fondés à conjecturer, d'après ceux qui nous ont été remis, qu'il y a fix cents groffes forges en France qui fabriquent au moins *cent quatre - vingt - feize millions de fer brut* : cette quantité doit fuffire à la confommation actuelle du Royaume. Si elle ne pouvoit pas remplir nos befoins, il eft facile de l'augmenter confidérablement, 1°. par l'intelligence & l'économie dans les opérations ; car il faut convenir que nos Rivaux, & fur-tout les Puiffances du Nord, ont à cet égard une grande fupériorité fur nous.

Charbon de terre. 2°. Par l'emploi du charbon de terre fubftitué à celui du bois dans une grande partie des opérations des forges, furtout de celles qui font à proximité des charbonnieres ou des canaux des rivieres qui les tranfportent. Il y a des mines de charbons de terre dans prefque toutes les Provinces du Royaume ; fi elles ne font pas encore exploitées, c'eft que, d'une part, l'abondance du bois a rendu le befoin du charbon moins urgent ; nous avons trouvé beaucoup plus commode de couper le combuftible fur la terre, que de l'arracher de fon fein. D'autre part, c'eft parce que les particuliers ne font pas affez riches en France pour fe livrer à des entreprifes d'une grande étendue, & qui exigent de la perfévérance. Le premier obftacle les rebute : d'ailleurs, quoique nous ayons des hommes fort inftruits dans l'art d'exploiter les mines & d'en diriger les travaux, nous manquons d'Ouvriers pour exécuter ; & enfin notre Légiflation fur cette matiere n'a pas été faite avec le même foin que dans les différens Etats du Nord. Ils regardent avec raifon le produit des mines, comme un des objets les plus dignes de leur attention. Les Souverains ne croient pas s'abaiffer en s'affociantavec les Entrepreneurs ; ils les encouragent de toutes les manieres poffibles. Nous ne réuffirons dans l'exploitation de nos mines qu'en fuivant leurs modeles,& en attirant en France des Ouvriers capables de former des Eleves. Quelque confidérable que puiffe être la premiere dépenfe, le Royaume en fera bientôt dédommagé, s'il s'occupe férieufement des moyens de mettre en valeur cette partie de la richeffe nationale. Nous ne craignons point de dire qu'elle eft à peine connue, & que cependant elle peut devenir une des plus grandes reffources de l'Etat. Ce n'eft pas pour les feules mines de charbon de terre que nous le difons : la France recele dans fon fein des mines de toutes les efpeces, & cependant elle eft tributaire de l'Etranger ( 1 ) pour tous les métaux & demi-métaux dont elle a befoin pour fa confommation : elle l'eft fur-tout pour le plomb, le cuivre & l'étain. Nous parlerons dans un moment de ces objets, après avoir fini de traiter de tout ce qui eft relatif au fer.

Nous avons porté à cent quatre-vingt-feize millions de livres pefant, la quantité de fer qui fe fabrique dans nos ufines.

Nous croyons pouvoir évaluer à cent foixante livres tournois le prix moyen de chaque millier. La totalité de fer de la

______

( 1 ) De 1777 à 1781, les métaux, autres que l'or & l'argent, ont coûté, année commune, à la France, près de onze millions, & dix-huit millions cinq cent mille livres en 1787.

valeur feroit donc de trente-un millions trois cent foixante mille livres. Mais il faut déduire fur cette fomme le prix du bois ou du charbon de terre néceffaire pour convertir le minerai en fer. Des Maîtres de forge inftruits nous ont af- furé qu'un demi-arpent de bois taillis pris dans toutes les qualités de fonds & d'effence de bois, fuffifoit pour fabriquer un mille de fer, & ils ont fondé leurs affertions fur ce qu'un demi-arpent de bois produit communément quatre mille cinq cents pefant de charbon, ce qui donne quatre livres & demie par livre de fer, quantité fuffifante pour la converfion du minerai en fer. Le demi-arpent de bois peut être évalué, prix commun, à foixante livres, ce qui fait un peu plus du tiers de la valeur du fer ; déduction faite de ce tiers, il reftera pour la main-d'œuvre & les bénéfices de l'Entrepreneur, 100 l. pour chaque millier de fer, & le produit annuel des cent quatre-vingt-feize millions pefant, fera *de dix-neuf millions fix cent mille livres* en numéraire.

**Fabrications fe-condaires de fer.** Nous n'avons pas porté dans cet état les fabrications fecondaires de fer, tels que les fers blancs, tréfileries, clouteries, Manufactures d'armes, & fabriques de tôle. La main-d'œuvre de ces objets peut être portée à quatre millions.

**Plomb.** Le produit des plombs n'eft pas, à beaucoup près, auffi confidérable ; nous fommes tributaires de l'Etranger, pour cet objet, de fommes très-fortes ; nous le fommes également pour la cérufe, dont le plomb eft le principal ingrédient ; nous pourrions en fabriquer à meilleur compte que nos Ri- vaux, puifque le vinaigre, qui entre pour beaucoup dans cette fabrication, ne nous revient qu'à très-bas prix ; c'eft par conféquent un double motif de mettre le plus tôt poffible en valeur nos mines de plomb, qui font très-multipliées en France ; mais nous aurons beau faire des vœux à cet égard, fi les Provinces où elles exiftent ne s'affocient pas avec les Entrepreneurs, & ne font pas une partie des avances nécef- faires pour leur exploitation, elle continuera à être abandon- née. Dans l'état actuel, le produit de nos mines de plomb eft d'environ deux millions cinq cent quinze mille livres pefant, qui, à raison de vingt-huit livres le quintal, forme un objet de *sept cent quatre mille deux cents livres.*

Le combustible, pour le mettre en valeur, n'est guere que du douzieme à déduire sur la valeur; on peut donc estimer ce produit à environ *six cent mille livres.*

La quantité de cuivre que la France fournit, est encore moins considérable; elle monte à peine à quatre cents milliers par année (1); en sorte que si on ne refondoit pas succesfivement quelques portions de nos anciens cuivres, nous serions tributaires de l'Etranger pour le surplus de ce que nous consommons. Cette consommation est devenue d'autant plus grande, que si nous avons restreint l'usage du cuivre pour nos batteries de cuisine, d'autre part, nous l'avons beaucoup augmenté dans les bâtimens & dans le doublage des vaisseaux; c'est une raison de plus pour tirer de nos mines de cuivre la plus grande quantité de matieres premieres qu'il sera possible, & nous le pouvons d'autant plus aisément, que nous avons beaucoup de mines de cuivre en France; il ne manque que des Entrepreneurs & des Artistes pour les mettre en valeur. Le combustible nécessaire pour cette exploitation est environ du dixieme; en sorte qu'on peut estimer le produit annuel à environ *cinq millions.*

Nous ne dirons rien de nos mines d'or & d'argent. Quelques Naturalistes ont prétendu que nous en avions plusieurs en France de l'une & de l'autre espece. Ils fondent leurs conjectures en ce qui concerne les mines d'or, sur ce que le Rhône, dont la source n'est pas éloignée de la France, charie assez abondamment des paillettes de ce métal précieux; mais ce qu'il y a de vrai, c'est qu'aucune mine d'or n'est exploitée dans le Royaume. Quant aux mines d'argent, nous en avons certainement. MONSIEUR, Frere du Roi, en fait exploiter une dans le Dauphiné, qu'on dit assez abondante; nous en ignorons les produits. Quand même ils ne

Mines d'or &<br>d'argent.

---

(1) La plus grande partie est extraite des mines de Chessy & Saint-Bel, dans le Lyonnois.

feroient pas fupérieurs aux frais d'exploitation , ce feroit toujours une main-d'œuvre de plus dans le Royaume ; & nous répétons avec confiance que les mines en général, qui font partie du produit de notre fol, deviendroient une fource de richeffes inépuifable, fi nous favions en tirer tout le parti que les Etrangers tirent des leurs. L'extraction du charbon de terre fuffiroit feule pour donner à une partie de nos Manufactures la plus grande activité. Quel avantage ne procureroient pas les pompes à feu dont nous avons été les inventeurs , & que les Anglois ont perfectionnées , au point qu'elles font les premiers moteurs de la plus grande partie de leurs mécaniques & de leurs différentes efpeces de moulins ? Il eft vrai qu'ils ont moins de fources & de courans d'eau que nous ; mais nous emploierions des pompes à feu dans les lieux où nous n'avons pas des courans d'eau ; elles nous feroient fur-tout très-utiles pour épuifer nos mines des eaux qui les noyent.

Nous paffons à la troifieme claffe de nos Manufactures à feu, qui confiftent dans les verreries, faïenceries, & dans les établiffemens où l'on fabrique de la porcelaine & des glaces.

Nos glaces font célebres depuis long-temps ; nous en envoyions autrefois dans l'Etranger une plus grande quantité que nous n'en envoyons aujourd'hui. Le bénéfice que fait dans cette fabrication la Compagnie qui la premiere en a fait l'entreprife, eft affez grand ; elle le doit en partie au privilége exclufif qu'elle a trouvé le moyen de faire proroger déjà plufieurs fois. Il eft préfumable que, fi elle n'eût pas obtenu cette gracè très-extraordinaire, il fe feroit formé d'autres établiffemens en ce genre, qui auroient donné les glaces à meilleur compte, & qu'il s'en feroit exporté une plus grande quantité. Quoi qu'il en foit, celles que fabrique la Manufacture des glaces fuffifent à nos befoins, & le difputent en qualité à celles de Venife ; nous avons même l'avantage fur les Vénitiens, de pouvoir faire de plus grandes pieces.

Nos Fabriques de porcelaine fuffifent pareillement à nos

befoins. Les terres du Limoufin font prefque auffi bonnes pour faire la pâte, que celles dont on fait ufage dans les Pays étrangers; nos formes & nos peintures font infiniment plus élégantes & plus belles que les leurs : nous nous fommes rédimés par ce genre d'induftrie, du tribut que nous payions à l'Etranger. Il faut convenir que l'Etat en a principalement obligation à la Manufacture Royale de Seve. Aujourd'hui qu'il s'eft formé, à fon exemple, un grand nombre d'établiffemens en ce genre, peut-être feroit-il digne de la bienfaifance du Roi de laiffer une liberté entiere à la concurrence; car il n'eft pas poffible que des Manufactures particulieres difputent, à armes égales, avec un établiffement dont le Roi fait tous les frais, & qui lui coute beaucoup plus qu'il ne lui rend.

Quant aux verreries & aux faïenceries, elles font précieufes, en ce que la confommation s'en étend tous les jours, & que la fragilité de leurs productions oblige à des fréquens renouvellemens; elles font des fources fécondes d'occupations. Nos Manufactures en ce genre fe défendoient contre celles d'Angleterre, malgré l'avantage que les Anglois ont fur nous par l'exploitation de leurs mines de charbon de terre; mais la libre introduction dans le Royaume, de leurs faïences, de leur verrerie, & de leur criftallerie, moyennant le payement d'un droit qui ne peut pas être perçu à la rigueur, a porté le coup le plus funefte à nos Fabriques, & il n'eft pas poffible qu'elles fe foutiennent, fi on ne fe hâte pas de donner toute l'activité poffible à l'exploitation de nos mines de charbon : l'augmentation du prix de nos bois nous en impofe la néceffité abfolue.

Dans l'état actuel des chofes, nous croyons que les produits de ces différentes branches d'induftrie fuffifent à peine pour payer la main-d'œuvre; & qu'en joignant ces produits à ceux de la fabrication des glaces & des porcelaines, c'eft les porter très-haut que de les évaluer : favoir, les verreries, y compris les glaces, à 6 *millions*; les porcelaines & les faïenceries du Royaume à 4 *millions*, fur lefquels, déduction faite d'un dixieme pour le combuſtible , reſte une ſomme de 9 *millions*.

Il exiſte encore dans le Royaume deux autres eſpeces de fabrication , dont le feu eſt le principal aliment ; ſavoir , celle du ſavon , & celle pour raffiner le ſucre. La premiere eſt conſidérable. Suivant un Mémoire qui vient de paroître , on fait monter annuellement à plus de 18 millions la fabrication du ſavon dans la ville ſeule de Marſeille. Ce Mémoire a été préſenté par les Fabricans de cette ville , qui font exploiter les différentes Fabriques en ce genre. Ils demandent qu'on corrige quelques diſpoſitions des anciens Réglemens , qui leur paroiſſent abuſives , & qu'on en ajoute de nouvelles , pour empêcher les fraudes que la liberté a introduites. On trouve dans ce Mémoire un calcul de la quantité d'huiles & de matieres que nous tirons de l'Etranger pour cette eſpece de fabrication. Le réſultat eſt que nous ſommes à cet égard ſes tributaires de plus de 3 millions 200 mille livres ; mais que nous lui envoyons de ſavons fabriqués pour 2 millions 300 mille livres. En ſorte qu'à ſon tour il eſt tributaire de la France pour la totalité de la main-d'œuvre. D'autre part , toute déduction faite de la valeur des huiles , de la ſoude , & des autres matieres néceſſaires pour la fabrication , il reſte pour les frais d'exploitation & pour les bénéfices des Entrepreneurs , *un million* 350 *mille livres*.

En ſuppoſant que les Manufactures des différentes eſpeces de ſavon , établies dans les autres villes du Royaume , fabriquent toutes enſemble le double de celle de Marſeille , la totalité de la main-d'œuvre pour la fabrication formera un objet de 5 *millions* au moins , attendu que la main-d'œuvre des ſavons noirs eſt plus conſidérable que celle du ſavon blanc.

Quant aux raffineries de ſucre , nous croyons être certains que celles d'Orléans ſeules en raffinent , année commune , au moins pour 10 *millions de livres tournois*. Nous ſuppoſons que les autres Fabriques du Royaume en raffinent

trois

trois fois plus ; nous fuppofons encore que, déduction faite des frais du combuftible, les Fabricans ne retirent que 12 pour cent fur le montant de la fabrication, tant pour la main-d'œuvre, que pour les avances & les bénéfices ; le produit total fera de *4 millions 800 mille livres.*

### *Fabrication du Sel.*

Les fels deftinés à notre confommation, proviennent ou de nos falines, ou de nos marais falans. Les falines en produifent environ 800 mille quintaux, dont 500 mille fe vendent à l'Etranger. Le prix de ce fel dans les falines eft de 4 livres 10 f. le quintal ; par conféquent le produit total devroit être de 3 millions 600 mille livres ; mais il eft néceffaire d'obferver que la confommation du bois *néceffaire* pour la formation de cette qualité de fel, en abforbe la valeur, & qu'elle la furpafferoit, s'il n'y avoit pas des forêts affeétées à ce genre de travail, dont les bois font au plus bas prix ; en forte que ces falines, bien loin de former des produits, doivent plutôt être confidérées comme des objets de dépenfe ; & que, fi des raifons relatives à l'intérêt de la Ferme générale n'obligeoient pas de les exploiter, il conviendroit d'en abandonner l'exploitation.

On peut en dire autant des 115 mille quintaux produits par les bouillons de Normandie. Lors de l'établiffement de ces falines, les Provinces dans lefquelles elles font placées, appartenoient à des Princes particuliers ; le bois étoit alors à très-vil prix dans ces Provinces, & les communications avec les marais falans étoient très-difficiles. Si on laiffoit tomber l'exploitation de ces falines, les bois qu'elles confomment mettroient à portée de multiplier les forges, qui augmenteroient les richeffes de ces Provinces ; elles feroient pourvues du fel des marais falans, qui ne leur reviendroit pas plus cher que celui des falines. On y gagneroit non feulement la valeur du fel pris aux marais, mais on profiteroit encore de tout le bénéfice des Voituriers & des autres Agens

G

chargés de faire parvenir ces sels à leur destination. Quoi qu'il en soit, nous ne passerons que pour Mémoire cet article.

Il n'en est pas de même des sels provenans de nos marais salans; on peut évaluer à 3 millions 600 mille quintaux leur produit. Ils sont destinés, tant à la consommation intérieure, qu'à celle des pêcheries & à la vente à l'Etranger. La fabrication de ces sels ne revient qu'à 15 sols le quintal, & donne par conséquent un premier bénéfice de 2 *millions* 700 *mille livres*.

Nous ne parlons pas des autres bénéfices, parce qu'ils font partie du privilége exclusif que le Roi s'est réservé pour l'approvisionnement de ses sujets, ou des frais qui sont compris dans la dépense du roulage.

### *Tabac.*

La consommation du tabac dans les Provinces soumises à la Ferme, peut être de 18 millions de livres pesant.

Le tabac tiré de l'Etranger ne contribue à l'aisance du Peuple que par les frais de fabrication & de transport dans l'intérieur du Royaume. Les frais de transport font compris dans l'article concernant les dépenses des chevaux destinés pour le roulage; ainsi on ne peut faire entrer dans les produits que les frais de fabrication, qui, à raison d'un sou par livre, forment un objet de 9 *cent mille livres*.

Il y a quelques Provinces en France dans lesquelles on cultive & fabrique le tabac. Cette récolte peut être évaluée à deux millions de livres pesant, & former un objet de 15 cent mille livres en argent, dont plus de 12 cent mille font pour la valeur du tabac, & auroient dû être comprises dans les produits de l'Agriculture; mais comme en dernier résultat nous porterons ces produits à deux milliards, quoique, suivant les états & les évaluations que nous avons faites de chacun des produits en particulier, ils ne montent qu'à

1824 millions, celui du tabac eft cenfé faire partie des deux milliards. Nous ne porterons donc ici que les frais de la main-d'œuvre ou de la fabrication, & pour ce 300 *mille liv.* qui, jointes aux 900 mille livres pour les frais de fabrication du tabac que nous tirons de l'Etranger, forment un total de 1 *million* 200 *mille livres.*

### Amidon.

La fabrication de Paris en amidon eft d'environ 6 millions pefant. Comme le luxe en poudre à poudrer eft incomparablement plus grand dans la Capitale, qu'il ne l'eft dans les Provinces, & qu'une partie de ce qui fe fait à Paris s'envoie au dehors, on peut croire que la fabrication des Provinces n'eft que le triple de celle de Paris, & qu'ainfi la fabrication totale eft de 24 millions. La main-d'œuvre & le bénéfice du Fabricant peut être évalué à raifon d'un fou pour livre, & former un produit d'*un million* 200 *mille livres.*

### Pêcheries.

Les pêcheries font reconnues pour être la meilleure école des bons Matelots. Sous ce feul point de vue, elles méritent toute l'attention d'un Etat qui afpire à être une Puiffance Maritime ; on fera encore plus frappé de leur importance, fi on confidere qu'elles fourniffent une maffe de fubfiftance utile par-tout, & qui devient néceffaire dans les Pays Catholiques, dans lefquels de fréquens jours d'abftinence occafionnent une grande confommation de toute efpece de poiffons.

Peu de Nations auroient pu entrer en concurrence avec la France dans cette branche d'induftrie, fi elle eût profité de tous fes avantages. Elle a des côtes très-étendues, qui lui fourniffent abondamment le fel le plus propre aux grandes falaifons ; fes Matelots font expérimentés. Auffi la France a-t-elle été une des premieres Puiffances qui aient donné à l'Europe l'exemple des pêcheries. Cependant il s'en faut de beaucoup qu'elle tienne aujourd'hui le rang que fa fituation & fes avantages naturels fembloient devoir lui affurer. Bien loin de s'être procuré, par le produit de fes pêcheries, une branche d'exportation, elle s'eft crue dans le cas d'abandonner aux Etrangers une partie de la fourniture de fes Colonies. Chaque année elle tire des Nations, fes rivales, pour des fommes confidérables, en morue, harengs, baleines, huile de poiffon. On vient pêcher fur fes côtes la fardine pour la lui vendre. Quelle peut être la caufe d'une pofition auffi étonnante que fâcheufe? Il ne faut pas la chercher ailleurs que dans une foule de Réglemens, dans lefquels on a plus confulté l'intérêt mal entendu du Fermier, que l'avantage du Commerce, ou plutôt de la Nation. On a modifié les plus vexatoires de ces Réglemens; mais comme, à différentes époques, on eft revenu à les faire exécuter rigoureufement, & qu'ils font encore très-gênans, on ne parviendra à régénérer cette partie, qu'après que l'on aura donné des Réglemens dans lefquels le fort des pêcheries ne foit pas facrifié aux craintes du Fermier, & fur la ftabilité defquels le Commerce puiffe compter.

La valeur des productions de nos grandes pêcheries maritimes peut être évaluée à *dix millions*, année commune(1); elles font d'autant plus précieufes, que prefque toute leur valeur eft un accroiffement de revenu pour la Nation; car la dépenfe des Entrepreneurs confifte dans les frais d'armement deftinés à la pêche, dans le payement des falaires des Pêcheurs & Matelots, & dans les droits payés au Roi; & ce qui mérite attention, c'eft que dans les frais des armemens, il y en a une partie en matiere, comme bois, fer,

_______________

(1) Suivant la balance du Commerce de 1787, elles font évaluées à plus de 13 millions. Les balances des années précédentes ne faifoient pas mention du produit des pêcheries.

goudrons, & chanvre pour les toiles, les cordages & filets. Toute la main-d'œuvre employée à travailler ce bois, ce fer, ce goudron, ce chanvre, ainsi que les frais pour la construction des bâtimens, n'auroit pas lieu sans les pêcheries maritimes.

Les pêches sur les rivieres & celle des étangs, forment aussi un autre produit assez considérable. Nous n'avons pas des renseignemens certains à cet égard ; mais en examinant la quantité de rivieres & d'étangs qu'il y a dans le Royaume, en faisant également attention qu'il y a en France quelques lacs assez poissonneux, on peut évaluer à une pareille somme de *dix millions* le produit de nos pêches d'eau douce. Nous devons cependant observer que la pêche des étangs ne procure pas une augmentation aussi réelle de revenus, que celle de la mer & des rivieres ; car les terreins employés aux étangs auroient produit ou des grains, ou des fourrages, ou du bois. Quelques-uns de ces terreins rendroient, à la vérité, peu, si on les employoit à la culture, parce que le plus souvent ils sont inondés par l'eau ; mais quelque médiocres que fussent les revenus que le Propriétaire tireroit de leur culture, ils doivent cependant entrer en ligne de compte, & suffisent pour prouver que la pêche des étangs n'est pas aussi avantageuse pour l'Etat, que celle des rivieres & de la mer. En réunissant les produits des unes & des autres, nous croyons qu'ils doivent être évalués au moins à *vingt millions*.

### Arts & Métiers.

Indépendamment des hommes occupés aux travaux de l'Agriculture, des Manufactures, & à l'exploitation des mines, &c. il est encore une quantité considérable d'individus qui s'adonnent aux Arts & aux Métiers nécessaires pour construire le logement des hommes, façonner leurs vêtemens, & enfin pour leur procurer divers objets de commodité, d'agrémens & de luxe. Cette classe d'Artistes &

d'Ouvriers frappe affez tous les yeux, parce qu'en général ils font raffemblés dans les villes, & principalement dans celles où regnent l'aifance & le luxe. Les différens travaux auxquels ils s'adonnent font une fource abondante d'occupations; mais ils ne peuvent faire un objet de commerce extérieur, *ni actif, ni paffif.* On doit défirer de les voir fe multiplier & vivre dans l'aifance, puifque leur activité augmente la confommation intérieure, le plus grand des biens d'un pays agricole, qui a un fol confidérable, & que d'ailleurs leur aifance eft un figne certain du bonheur général.

Il eft très-difficile de donner même un apperçu du montant des falaires de cette claffe d'Ouvriers. Les bafes d'après lefquelles on peut partir pour faire des calculs, font toutes fi incertaines, qu'on ne fait fur lefquelles s'appuyer; cependant nous allons effayer d'en évaluer la quantité, & pour y parvenir, nous croyons devoir diftinguer ceux qui habitent les campagnes, & ceux qui habitent les villes. Les premiers font peu nombreux en comparaifon des feconds; mais enfin il y a dans les campagnes des Charrons, des Maréchaux, des Charpentiers, des Maçons, des Barbiers, qui font tout à la fois Médecins & Chirurgiens. Il y a auffi dans les campagnes, des Tailleurs & des efpeces de Cabaretiers qui vendent du vin, du cidre, de la biere, de l'eau-de-vie, & toutes les autres chofes fervant à l'ufage des gens qui les habitent. Ces Artifans ou Marchands font, à la vérité, difperfés inégalement dans les villages, ou le long des grandes routes, en forte qu'on feroit un faux calcul, fi on comptoit qu'il y en a un de chaque profeffion dans chaque village; mais on peut arbitrer que dans l'étendue de fix villages, il y en a fix qui fe font divifé entre eux ces différens Arts, Métiers ou Commerce. Or l'on compte dans le Royaume environ quarante-deux mille Paroiffes. Il faut en déduire à peu près deux mille pour les villes & les gros bourgs; le nombre des différens Ouvriers ou Artifans difperfés dans les campagnes eft donc de quarante mille.

La quantité de ceux qui exercent dans les villes ces sortes de professions & toutes les autres, auxquelles le luxe a donné naissance, est bien plus grande; il n'est pas question de la calculer par Paroisse, c'est en raison de la richesse plus ou moins grande des habitans de ces villes qu'on doit l'arbitrer. Indépendamment des Arts utiles & nécessaires, combien d'autres y sont en activité? Combien de choses superflues, & combien de fois se renouvellent, chaque année, les façons de tout ce qui est nécessaire pour les vêtemens? Les Ouvriers en ce genre sont d'autant plus multipliés, qu'il faut pourvoir aux besoins réels ou factices, non seulement des Maîtres, de leurs femmes & de leurs enfans, mais encore à ceux de leurs serviteurs & domestiques; ainsi, sans craindre d'être soupçonnés d'exagération, nous croyons pouvoir insister à soutenir, qu'indépendamment des Ouvriers attachés aux différentes Manufactures dont nous avons parlé, & dont le produit du travail fait partie du prix des marchandises fabriquées, le nombre des autres Artisans & Ouvriers qui habitent les villes & bourgs est au moins quatre fois plus grand, que ne l'est celui des Ouvriers dispersés dans les campagnes. Nous avons supposé que la quantité de ceux-ci étoit de quarante mille; la totalité doit donc être de deux cent mille au moins, sur-tout si on fait entrer dans le calcul ceux employés à construire les vaisseaux & les autres bâtimens pour la mer & les rivieres.

Le moindre prix auquel on puisse fixer les journées des uns & des autres, doit être de vingt sous, ce qui donne pour chaque jour la somme de deux cent mille livres; qui multipliée par trois cents, attendu les jours de Dimanche & Fête, forme un produit annuel de soixante millions (1).

Ce seroit ici le lieu de discuter la question souvent agitée depuis quelque temps, si les Communautés d'Arts & Mé-

---

(1) Quelques personnes prétendent qu'on peut augmenter du double le nombre de ces sortes d'Ouvriers; mais comme ils ne sont pas, ainsi que nous l'avons déjà observé, un objet de Commerce extérieur ni actif ni passif, peu importe le nombre plus ou moins considérable.

tiers font plus nuifibles qu'avantageufes à un Etat. Mais comme nous nous propofons d'examiner la queftion fous un point de vue encore plus général, celui de favoir fi *la liberté indéfinie n'eft pas préférable au régime réglementaire,* ce que nous pourrions dire quant au régime des Communautés d'Arts & Métiers, trouvera naturellement fa place dans cette Differtation. Nous allons donc réfumer cette partie de notre Mémoire, dans laquelle nous avons cherché à faire connoître quelle eft la valeur des falaires des Ouvriers de toute efpece, & des Entrepreneurs qui font occupés à faire valoir les différentes branches d'induftrie. En les réuniffant toutes, nous trouvons que le montant total eft de *cinq cent vingt-quatre millions neuf cent cinquante mille livres.*

### S A V O I R.

| | |
|---|---:|
| Pour les toileries. | 161,250,000 |
| Pour les lainages. | 92,500,000 |
| Pour les foieries. | 41,600,000 |
| Modes. | 5,000,000 |
| Ameublemens en Tapifferie. | 800,000 |
| Mercerie - Quincaillerie. | 75,000,000 |
| Tanneries-Pelleteries. | 6,000,000 |
| Papeteries. | 7,200,000 |
| Orfévrerie, Bijouterie en fin. | 2,500,000 |
| Manufactures à feu. | 38,200,000 |
| Fabriques de favon. | 5,000,000 |
| Raffineries de fucre. | 4,800,000 |
| Sels. | 2,700,000 |
| Tabac. | 1,200,000 |
| Amidon. | 1,200,000 |
| Pêcheries. | 20,000,000 |
| Arts & Métiers. | 60,000,000 |
| Total. | 524,950,000 |

Cette

Cette fomme de revenu, qui provient de l'induftrie, & qui eft uniquement le prix du travail & de la main-d'œuvre divifée par vingt-fix millions fix cent foixante-feize indivi- dus, qui eft le nombre des habitans de la France, donne à peu près *vingt-une livres cinq fous* par tête, déduction faite de la valeur des matieres premieres comprifes dans le cal- cul des productions de l'Agriculture. Heureufement ces pro- ductions de l'induftrie & celles du fol ne font pas les feules qui compofent la maffe des richeffes nationales ; il faut en- core y ajouter les productions de nos Colonies.

## TROISIEME PARTIE.

### *Colonies.*

Celles que nous poffédions autrefois étoient très-éten- dues. A la paix de 1763, elles furent réduites à quelques ifles dans l'Archipel de l'Amérique ; à quelques foibles éta- bliffemens dans l'Amérique méridionale, & fur la côte oc- cidentale d'Afrique ; à deux ifles dans la mer qui baigne la côte orientale d'Afrique, & à quelques foibles comptoirs dans l'Inde. Nous perdîmes les poffeffions immenfes que nous avions dans l'Amérique feptentrionale : par cette perte, nous avons plutôt renoncé aux efpérances qu'elles pouvoient nous promettre, que nous n'avons facrifié des établiffemens qui euffent jufqu'alors contribué à donner de l'activité à notre Commerce & à augmenter nos richeffes. Le Canada, tenu long-temps fous le joug du monopole, n'avoit pu étendre fes pêcheries & faire le commerce de pelleteries que fa pofition lui rendoit facile. Les cultures n'étoient guere pouffées au delà de ce qui étoit néceffaire pour la fubfiftance des Colons ; le plus grand mal, c'eft que la cef- fion que nous en avons faite à l'Angleterre a augmenté d'au- tant fa puiffance territoriale relative.

La Louifiane, que fon étendue, fa pofition, fa fertilité appeloit à une grande profpérité, avoit été négligée pen-

H

dant long-temps ; & au moment où la perte du Canada portoit l'attention de la Nation fur cette Colonie, elle fut cédée à l'Efpagne.

Si ces deux grandes poffeffions, dont la France a été privée prefque au même moment, étoient dans un état de foibleffe & d'engourdiffement, on ne peut pas en dire autant de nos Ifles dans l'Archipel de l'Amérique ; leur profpérité a lieu d'étonner. Et pour en faire fentir l'importance, il fuffit de dire que la confommation de ces Colonies en productions du fol & de l'induftrie de la France, eft, année commune, un objet de *cinquante millions* au moins, prix marchand, & que les productions de ces Colonies, vendues aux Etrangers, font à peu près le tiers de notre Commerce d'exportation.

Les productions de ces Ifles confiftent principalement en fucre, café, coton, cacao, indigo, &c. & en différentes plantes particulieres qui fervent à la nourriture des Efclaves, qui, au nombre d'environ fix cent mille, cultivent les plantations. Tous ces objets réunis montent à environ *deux cents millions*, dont les trois quarts, à peu près, font envoyés dans les différens ports de la Métropole ; une partie de l'autre quart fournit à la confommation des Colonies, & le refte s'enleve par les vaiffeaux de différentes Nations, & fur-tout par les Anglois, Hollandois, & Anglo-Américains.

La France confomme environ la moitié des productions de fes Colonies, importées directement dans fes ports ; le furplus forme une branche d'exportation, qui, avec les frais de route, les droits & le bénéfice de notre Commerce, forme un objet de quatre-vingt à cent millions.

La partie de ces productions qui fe confomme en France, confiftant en denrées que l'habitude a rendues néceffaires, nous exempte du tribut que nous payerions à l'Etranger, fi nous étions obligés d'y avoir recours pour nous les procurer ; & de plus elles fourniffent de l'aliment à l'induftrie nationale.

Le fucre brut & terré, qui fe confomme en France, re-

çoit les dernieres façons dans les Raffineries établies dans différentes Provinces du Royaume.

Le coton fournit la matiere premiere à nos Manufactures.

Et l'indigo est nécessaire à nos teintures.

La branche la plus considérable de nos exportations en
denrées des Colonies, consiste en sucre brut & terré. Nous
n'exportons que très-peu de sucre raffiné. Il seroit possible
d'augmenter cette branche d'exportation par des encouragemens plus considérables que ceux qui lui sont destinés.
Cet objet est assez important pour devoir fixer l'attention
du Gouvernement. La distillation des melasses paroît également devoir entrer en considération. On peut regarder la
défense de les distiller comme une sorte d'impôt établi sur
nos Raffineries, puisqu'elle cause sur cette partie une non-
valeur qui force les Raffineurs à augmenter le prix des sucres
raffinés, & les empêche d'étendre le débouché de leurs sucres au dehors. Indépendamment de cette premiere perte,
la France est encore privée du bénéfice que la manipulation
de ces distilleries lui auroit procuré. Ces pertes n'ont été
compensées par aucun avantage, car on ne peut regarder
comme telle la petite commodité qui en est résultée pour la
Régie des Aides.

Le motif qu'on a fait valoir pour engager le Gouvernement à porter cette défense, a été que la distillation
des melasses nuiroit au débit des eaux-de-vie tirées des
vins de France. La raison n'étoit que spécieuse ; en défen-
dant la distillation des melasses, on n'a pu défendre de les
vendre à l'Etranger ; on les y a fait distiller, & on en a con-
sommé les eaux-de-vie. Ainsi tout le résultat de la prohibition a été d'avilir le prix des melasses en France, & de favoriser la main-d'œuvre étrangere aux dépens de la nôtre.
On peut même dire qu'elle a plus nui à la consommation
des eaux-de-vie de raisin, qu'elle ne l'a favorisée. L'eau-de-
vie de raisin est supérieure en qualité à celle des melasses,
qui n'obtiennent la préférence que par le bas prix. En avilis-
sant les melasses en France, par la défense de les distiller,

on a mis les Diftillateurs étrangers en état de donner leurs
eaux-de-vie à très-bon marché, ce qui les a fait préférer
aux eaux-de-vie tirées du raifin ; on a, par conféquent, fait
autant de tort à la culture de nos vignes, qu'à nos Raffineries. Ceci prouve qu'avant de décider des queftions qui
tiennent à l'économie politique ; il eft effentiel de les en-
vifager fous tous les points de vue poffibles. Nous ne regardons pas notre avis à cet égard comme le meilleur ; mais
nous le propofons avec confiance, parce que les raifons fur
lefquelles il eft fondé, nous paroiffent de nature à être mifes
dans la balance.

Notre établiffement dans l'Amérique méridionale eft
encore bien foible ; fes produits font bien éloignés de ceux
qu'auroient dû lui procurer les dépenfes faites fous le dernier regne pour hâter fa profpérité. La beauté du coton
que l'on y recueille doit faire fouhaiter que la culture
du cotonnier y prenne de l'activité. On y cultive auffi avec
fuccès la canne à fucre & le cafeyer : on y a planté quelques mufcadiers & quelques girofliers ; ils y ont réuffi. Il
eft à défirer que l'on s'attache à en étendre les plantations ;
elles enrichiroient la Colonie, & lui donneroient les
moyens d'étendre fes défrichemens.

La nourriture des beftiaux paroît auffi promettre des
avantages réels à cette Colonie, qui, comme on le voit,
préfente de grandes efpérances, mais dont les produits
font encore peu confidérables.

Nos Colonies fi utiles, foit par la confommation des productions de notre fol & de notre induftrie, foit par la maffe
des richeffes que leurs productions procurent à la France,
ne le font pas moins par l'activité qu'elles donnent à notre
navigation ; le tranfport de toutes les marchandifes que la
Métropole & les Colonies s'envoient réciproquement, marchandifes prefque toutes encombrantes, eft un objet de
200 mille tonneaux par an.

Si on compare nos établiffemens à la côte d'Afrique à
ceux des Anglois, on les trouvera bien médiocres. Auffi

notre Commerce ne fournit-il pas à nos Colonies en Amérique le nombre d'Efclaves fuffifant pour leur exploitation.
Nos habitans font fouvent forcés d'acheter des Anglois les
Negres que nos Armateurs ne peuvent leur procurer. Il
en réfulte un double inconvénient ; le Commerce Anglois
profpere au préjudice du nôtre , & les Efclaves que nos
rivaux nous fourniffent font prefque toujours le rebut de
leurs Colonies. Moins robuftes , ils fuccombent plus tôt à
la fatigue , ce qui oblige à faire de fréquens renouvellemens.

Ce n'eft pas ici le lieu d'examiner fi le Commerce des
Negres eft compatible avec les fentimens d'humanité. Les
raifons pour ou contre ce Commerce font développées dans
les différens Mémoires écrits fur cette queftion, aujourd'hui
vivement débattue en France & en Angleterre. On fe bornera à obferver que tant que les Nations Européennes con-
tinueront à faire cultiver leurs Colonies par des Efclaves,
une Nation dont les poffeffions exigent beaucoup de bras,
doit éviter, autant qu'il eft poffible, d'être dans la dépendance des autres, pour fe pourvoir des Negres dont elle a
befoin.

La traite de ces Efclaves eft le principal objet du Commerce d'Afrique. On en tire auffi quelques dents d'éléphant,
& de la gomme pour le Commerce. Une Compagnie a obtenu depuis quelques années un privilége exclufif pour ces
deux derniers articles.

Tous ces établiffemens ne contribuent pas directement
à augmenter les richeffes nationales, puifque nous n'y avons
aucune culture, aucun atelier ; mais ils font utiles , 1°.
parce qu'ils procurent le débouché de quelques productions du fol & des Manufactures de France. 2°. Notre Commerce fait un bénéfice fur les objets que l'on y achete,
& que l'on n'auroit que par l'entremife du Commerce
étranger, fi le nôtre ne le fourniffoit pas.

La France poffede dans la mer qui baigne la côte orientale d'Afrique, deux Ifles, celle de France & celle de Bour-

bon. Les productions de ces Isles consistent en coton, en café, dont on apporte en France pour quelques millions chaque année ; elle consiste sur-tout en comestibles pour leur propre consommation, & pour l'approvisionnement des vaisseaux qui font le Commerce de l'Inde. On y a fait l'essai de la culture du cannelier, du muscadier & du girofflier, qui ne donnent encore que des espérances. On en a également quant aux indigots, dont on a essayé depuis peu la culture ; ils paroissent approcher de la qualité de ceux de Guatemala.

Ces établissemens ont été jusqu'à présent plus coûteux que productifs, mais leur possession est importante pour la France tant qu'elle voudra conserver des comptoirs dans l'Inde. Ces deux Isles font l'entrepôt & le point d'appui de nos foibles établissemens en Asie ; on sait qu'après y avoir eu un moment d'éclat vers le milieu du siecle, nous avons été depuis éclipsés par les Nations nos rivales. Des revers dans la guerre, des variations continuelles dans les systèmes d'administration & de commerce, ont été les causes de notre décadence. Au surplus, ces établissemens de l'Inde n'ont aucun produit qui augmente le revenu national ; leur but est de diminuer la perte du commerce presque uniquement passif que nous faisons dans ces contrées, en nous réservant le bénéfice qu'il procureroit à ceux qui en font les Agens. Quoi qu'il ne soit que passif, on ne peut cependant y renoncer, à moins qu'il ne se fasse dans nos mœurs & dans nos goûts une révolution à laquelle on ne doit pas s'attendre. Nous sommes tellement accoutumés aux épiceries, qu'elles sont presque des objets de premiere nécessité. Le goût pour les mousselines & pour quelques étoffes des Indes est si général, que les prohibitions les plus sévères pourroient tout au plus en ralentir la consommation. D'ailleurs quelques marchandises des Indes sont nécessaires au Commerce de Guinée, il faut donc ou les acheter des autres Nations Européennes, ou aller les chercher directement. La dépendance dans laquelle nous serions d'une

Nation quelconque pour les objets dont nous aurions befoin, augmenteroit la perte qu'entraîne néceffairement
tout commerce paffif, & elle nous priveroit du bénéfice
que nous pouvons faire en revendant une partie des marchandifes importées de l'Afie aux Nations Européennes qui
n'ont pas des liaifons directes avec l'Inde. Mais cette obfervation n'a qu'un rapport très-indirect à ce qui concerne nos
Colonies, car on ne peut pas regarder nos poffeffions actuelles
dans l'Inde comme une véritable Colonie.

C'eft dans l'Archipel de l'Amérique que font, ainfi que
nous l'avons déjà obfervé, nos richeffes coloniales; elles
forment annuellement un objet de plus de 200 millions;
en les joignant aux produits de l'Agriculture nationale, &
à ceux de nos Manufactures & de notre induftrie, la maffe
totale eft au moins de 2 *milliards* 550 *millions* 950 *mille livres.*

SAVOIR.

Pour les objets d'Agriculture. . . . . . . . 1,826,000,000
Pour ceux d'induftrie. . . . . . . . . . . . . 524,950,000
Pour le produit de nos Colonies. . . . . . . 200,000,000
_______________
2,550,950,000

On nous reprochera peut-être d'avoir trop affoibli les
différens produits (1); en ce cas, nous répondrons que nous
avons mieux aimé errer en moins qu'en plus. D'ailleurs
nous avons indiqué les bafes fur lefquelles nous avons fondé
nos calculs; il fera facile de les rectifier, à mefure qu'on
fe procurera des renfeignemens plus certains. L'objet principal de notre travail a été de préfenter les maffes qui
doivent entrer dans la compofition du tableau. Ce fera aux
Etats Provinciaux à leur donner leur véritable proportion,
& le fini dont elles font fufceptibles. Nous croyons ne pouvoir pas mieux terminer cette partie de notre travail, qu'en
obfervant que, s'il eft vrai que la totalité de la population,

_______________

(1) Nous ne comprenons pas dans la maffe des produits, les bénéfices que
peuvent faire fur les Confommateurs, les Négociants, Commiffionnaires &
Marchands,

tant de la Métropole que des Colonies, soit de 26 millions d'individus, la dépense de chacun, répartie sur les pauvres & les riches, les petits & les grands, n'est que de 90 *liv.* 8 *s.* 4 *d.* tant pour leur nourriture que pour leurs habillemens. Nous ne parlons pas de leur logement, parce que nous n'avons pas porté en recette le produit des maisons; nous ne devons pas par conséquent porter en dépense les frais d'habitation de chaque individu. En les supposant à raison de 10 liv. par tête, comme les Anglois les supputent, on trouvera que la totalité du produit des maisons & bâtimens en France est de 260 millions. Nous croyons qu'on doit le porter plus haut, & après y avoir bien réfléchi, nous estimons que toutes les parties du revenu national, tant foncier qu'industriel, peuvent être évaluées à 3 *milliards*; savoir, le revenu provenant de l'Agriculture, 2 *milliards* (1), celui des Manufactures & des Colonies, 700 *millions* (2), & celui des maisons & bâtimens, tant des villes que des campagnes, 300 *millions*. Suivant cette derniere évaluation, qui nous servira de regle pour ce qui nous reste à dire, il résulte que la dépense de 26 millions d'habitans, que nous n'avions portée pour chacun qu'à 90 *liv.* 8 *s.* 4 *d.*, est de 115 *liv.* 7 *s.* 8 *d.* Les Anglois estiment qu'il faut au moins 188 liv. par tête, pour que chaque individu d'une Nation puisse vivre dans l'aisance; nous sommes bien éloignés d'avoir des produits aussi considérables. Quand même on les porteroit à un quart en sus de notre derniere évaluation, c'est-à-dire, à 4 milliards, la consommation moyenne de 26 millions d'habitans ne

______

(1) Nous faisons entrer dans la masse totale des produits de notre Agriculture, ceux du Clergé tant séculier que régulier. Quelques personnes pensent qu'ils doivent être évalués à 130 millions; d'autres les portent à 170 millions; nous croyons qu'il convient de prendre le moyen terme entre ces deux évaluations, & que les produits bruts des biens fonciers du Clergé peuvent être estimés 150 millions.

(2) Non compris le fret pour l'importation & l'exportation des objets que nous envoyons dans nos Colonies, & que nous en tirons. En le calculant à raison de 130 livres par tonneau, prix moyen, il forme un total d'environ 25 millions.

*feroit*

feroit que de 150 liv. & un peu plus. Mais nous perfiftons à croire que nos produits en tous genres ne vont pas
à plus de 3 *milliards*.

C'eft cette maffe de richeffes que le Négociant, le Commerçant & le Marchand font chargés de rapprocher des
Confommateurs. Sans ce rapprochement, le Cultivateur, le
Manufacturier & l'Artifan fe trouveroient furchargés de
toute la portion de leurs travaux qui ne feroit pas néceffaire à leurs befoins, & d'autre part ils éprouveroient la
difette des objets que leur travail perfonnel ne leur auroit
pas procurés. Soit que cette communication fe faffe par
l'échange réciproque des différentes productions en nature,
ou qu'elle s'opere par le moyen des monnoies qui font la
repréfentation de toutes les valeurs, les effets en font les
mêmes; & ce font ces échanges, de quelque maniere qu'ils
fe faffent, qu'on appelle proprement Commerce.

Lorfque les productions du fol & de l'induftrie font livrées
aux confommateurs qui habitent le Royaume, la communication qui leur eft faite des chofes néceffaires à leurs befoins
réels ou factices, prend la dénomination de Commerce intérieur; quand au contraire les productions du fol & celles de
l'induftrie nationale font envoyées à l'Etranger, cette communication s'appelle Commerce extérieur; mais comme il
ne fe borne pas uniquement à exporter, & qu'il s'occupe
encore à importer dans le Royaume des productions étrangeres, il fe fubdivife néceffairement en Commerce actif
ou d'exportation, & en Commerce paffif ou d'importation.
Quoique ces diftinctions foient connues affez généralement, cependant nous avons cru devoir les rappeler, afin
de nous rendre plus intelligibles. Elles trouveront leur application dans les deux dernieres Parties de ce Mémoire,
qui ont principalement pour objet d'expofer les principes
en matiere de Commerce tant intérieur qu'extérieur,

I

# QUATRIEME PARTIE.

### *Commerce intérieur.*

Nous commencerons par le Commerce intérieur; & pour en faire fentir toute l'importance, nous croyons devoir d'abord nous attacher à détruire le préjugé affez univerfellement répandu, que le Commerce intérieur eft beaucoup moins avantageux que celui d'exportation, parce qu'il n'y a que celui-ci qui augmente la richeffe nationale.

Cette raifon n'eft pas abfolument vraie pour toutes les Nations indiftinctement, & elle l'eft encore moins pour la France, que pour le plus grand nombre des autres Puiffances commerçantes; le détail dans lequel nous allons entrer en convaincra.

L'objet principal du Commerce eft inconteftablement d'entretenir dans l'aifance, par le travail, le plus grand nombre d'hommes qu'il eft poffible; on ne fçauroit révoquer en doute cette propofition. Le Commerce le plus avantageux fera donc celui qui contribuera le plus à l'activité des travaux de toute efpece, en procurant le plus grand débouché des productions du fol & de l'induftrie. Or que l'on compare le montant de nos exportations en tout genre avec celui de nos confommations intérieures, & on reconnoîtra qu'il n'y a, ni ne peut y avoir aucune proportion.

En effet, dans les temps où nos exportations ont été les plus confidérables, elles ont monté à peine à 300 millions; elles font beaucoup diminuées depuis, tandis que nos confommations intérieures ont augmenté par l'augmentation de la population & par l'accroiffement du numéraire. Elles fourniffent dix fois plus d'occupation aux peuples, que les objets exportés; donc elles font dix fois plus avantageufes à l'État.

De cette premiere conséquence il en résulte une seconde ; c'est que si, par la suppression des entraves qui
gênent l'industrie & nuisent à notre Commerce intérieur,
on parvenoit à augmenter l'aisance générale au point
d'augmenter nos consommations d'un dixieme, & que
ces consommations portassent sur des productions nationales, on procureroit autant du travail au Peuple, que
si, par les Traités de Commerce les plus avantageux, &
par la découverte d'un Nouveau Monde, on venoit à
doubler la masse de nos exportations. Ce point de vue
suffiroit seul pour décider la question en faveur du Commerce intérieur ; mais il s'éleve encore en sa faveur d'autres
moyens aussi décisifs.

En effet, non seulement le Commerce intérieur est
beaucoup plus étendu que le Commerce extérieur, mais
encore il est le plus sûr. Sa conservation dépend de nous,
on ne peut nous en enlever aucune branche sans notre con-
sentement. On ne peut pas en dire autant du Commerce
extérieur ; car, quelque avantage que puissent nous donner
nos productions réelles ou industrielles, tel que soit l'attrait
des Etrangers pour nos inventions dans les choses de goût,
ou dans celles relatives aux Arts, ces avantages ne sont
point exclusifs ; d'autres Nations peuvent nous supplanter
dans la vente des denrées dont le débouché nous a en-
richi jusqu'à présent. Les Arts qui ont amené l'or étranger chez nous, peuvent se fixer ailleurs ; & ce que nous
disons à ce sujet n'est pas une pure supposition. Nos vins
paroissoient, & sont réellement, d'une qualité supérieure
à ceux de toute l'Europe, si on en excepte les vins de
liqueurs, dont on fait peu d'usage ; nous ne devions pas
par conséquent appréhender que d'autres leur fussent préférés ; cependant le Portugal a réussi à nous enlever, à cet
égard, la consommation de la plus grande partie des habitans d'Angleterre.

Quant aux objets de luxe, celles des Nations de l'Europe qui sont en état de les consommer, ont toutes des

Artiftes rivaux des nôtres. Ne nous y trompons pas ; c'eft-là une des caufes de la diminution de nos exportations. Nous devons nous attendre que cette diminution deviendra tous les jours de plus en plus fenfible, & qu'à la longue nous n'exporterons que les chofes dont les autres Nations auront un befoin indifpenfable, & qu'elles ne pourront pas fe procurer à meilleur compte qu'en France. Auffi un Auteur qui a fait un Ouvrage ou Tableau du Commerce de la Hollande, obferve-t-il avec raifon, » que fi l'on vouloit examiner attentivement la marche » de l'induftrie chez toutes les Nations Européennes, on » pourroit voir dans un avenir très-prochain tous les dif- » férens Etats faire leur Commerce naturel. Sous cette » dénomination de Commerce naturel, on doit entendre, » & mettre dans le premier rang, le Commerce inté- » rieur, & enfuite celui des objets que nous pouvons » donner à meilleur compte que nos rivaux «. La Chine, qui contient dans fon fein cent millions d'individus, n'eft tributaire d'aucune autre Nation pour la nourriture & le vêtement de fes habitans ; fon Commerce intérieur lui fuffit à elle-même, car on ne peut pas faire entrer en ligne de compte ce qui s'exporte de fes États chez les Puiffances Européennes, fur-tout fi on le compare à fa confommation intérieure. Donc il n'eft pas néceffaire d'avoir un Commerce d'exportation, pour acquérir des richeffes. Les premières & les plus précieufes font celles du fol.

Pour en retirer tous les avantages qu'il peut procurer, plufieurs moyens doivent concourir ; nous en avons déjà indiqué quelques-uns dans le cours des réflexions que nous avons faites, tant fur l'Agriculture que fur nos différentes Fabriques, & nous avons mis au premier rang l'aifance du Cultivateur ; elle n'eft pas moins néceffaire qu'une grande population, pour donner le plus d'activité poffible à la circulation intérieure des productions du fol. Quand nous parlons de l'aifance, nous entendons qu'elle doit être proportionnelle ; car si beaucoup d'habitans étoient très-pauvres, & que le plus petit nombre fût très-riche, la dépense de ceux-ci n'égaleroit pas leur superflu ; une partie de la circulation qui devroit se faire, seroit arrêtée ; le Peuple auroit à peine de quoi subvenir à ses premiers besoins par son travail ; & chassé de son pays par la misere, il iroit chercher ailleurs de quoi subsister. On ne peut regarder la circulation comme parfaite dans un Etat, qu'autant que chacun peut dépenser quelque chose au delà du nécessaire qu'il s'est procuré par son travail ou par toute autre espece de revenu. La trop grande différence dans les fortunes des Particuliers, en supposant même qu'elles circulent entiérement, peut bien faire valoir certains Arts de luxe, & enrichir les Ouvriers qui les exercent ; mais elle ne fera pas valoir les Arts nécessaires, tels que l'Agriculture, autant que l'auroit fait une proportion plus rapprochée de l'égalité. La raison en est que le Peuple, qui ne combine point l'avantage général, abandonne l'Art le moins lucratif pour celui qui l'est davantage. Insensiblement les campagnes se dépeuplent, le produit des Arts nécessaires s'anéantit. Son anéantissement force alors de recourir à l'Etranger pour les premiers besoins de la vie ; les secours qu'on en tire épuisent la Nation de son argent, & par un contre-coup inévitable, les Arts agréables succombent à leur tour sous la loi de la nécessité.

Ces réflexions ne sont pas de nous, elles ont été faites par le Traducteur d'un Ouvrage intitulé *le Négociant Anglois*, qui les a mises en note dans sa Traduction, page 210, tome premier ; nous les avons copiées mot à mot, parce qu'elles nous ont paru très-judicieuses, & s'appliquer parfaitement à notre sujet.

Mais comment procurer de l'aisance aux Cultivateurs ? Nous ne connoissons pas d'autres moyens, 1°. que la diminution des impositions ; 2°. l'égalité dans leur répartition ; 3°. la plus grande augmentation possible des bestiaux. La

France est si heureusement située, qu'on peut y élever & y multiplier toutes les espèces d'animaux nécessaires pour la culture. Ici l'éducation des chevaux convient mieux que dans une autre partie du Royaume ; là celle des bêtes à cornes est préférable ; celle des moutons réussit presque par-tout : il ne s'agit que de bien choisir les différentes espèces de bestiaux qui conviennent le mieux relativement à la nature du climat & à la qualité des pâturages. On peut s'en rapporter à cet égard aux Cultivateurs. Leur expérience & leur intérêt personnel seront des guides plus sûrs que toutes les dissertations qu'on a faites sur la grande & la petite culture, ainsi que sur beaucoup d'autres branches de l'Agriculture. En louant le zele & les efforts de ceux qui ont cherché à répandre des lumieres sur cet objet important, nous croyons devoir dire qu'il est bien difficile, en pareille matiere, de donner des principes applicables à toutes les qualités de terreins. D'ailleurs, des expériences qui ont eu le plus grand succès lorsqu'elles ont été faites en petit, ne prouvent rien ; le plus souvent elles sont en défaut quand elles sont exécutées en grand. En général ce ne sont pas les lumieres qui manquent aux Cultivateurs, ce sont les moyens ; on ne fait rien avec rien. La seule expérience incontestable en Agriculture, c'est qu'on peut, avec des engrais, rendre fertile le terrein le plus ingrat. On ne sçauroit donc trop augmenter le nombre des bestiaux. De tous les encouragemens qu'on peut donner à l'Agriculture, aucun n'est préférable. On ne pourra pas en douter, si on considere que nous sommes tributaires de l'Étranger pour la viande, le beurre & le fromage. Quelques millions répandus dans les campagnes, en nous affranchissant de l'espece de tribut que nous sommes obligés de payer pour nous procurer ces comestibles, deviendroient successivement une source abondante de richesses pour l'État. Il est vrai qu'un pareil encouragement doit être distribué avec beaucoup d'attention & de discernement, afin qu'il ne tombe pas en pure perte ; mais ce sera aux Assemblées Provinciales à prendre les précautions nécessaires pour éviter cet inconvénient. On doit également s'en rapporter à leur sagesse, en ce qui concerne la répartition des Impôts.

Quant à la nature de l'imposition, elle ne fait pas partie de notre travail ; si nous osions hasarder notre avis à ce sujet, nous n'hésiterions pas dans le choix. L'imposition territoriale nous paroît être la seule admissible pour parvenir à la plus grande égalité dans la répartition, sauf à suppléer au *déficit* par des droits sur les consommations.

Dans l'état actuel des choses, ces droits sont beaucoup trop forts. Quoique ce soit le Consommateur qui en fasse les avances, cependant en définitif les Propriétaires des biens de campagne en payent la plus grande partie par un contre-coup inévitable. En effet, l'Acheteur fait son prix en raison de la quotité des droits qu'il a à payer. Dans les années d'abondance, les droits montent souvent aussi haut que la denrée ; le Cultivateur trouve à peine les frais de la culture & de la récolte ; il est forcé de regretter qu'elle ait été aussi bonne. Dans les années ordinaires, il est plus heureux ; mais les bénéfices qu'il peut faire sont toujours très-médiocres, parce que le prix de l'achat de la denrée n'augmente que très-peu, & en raison seulement du risque qu'il peut y avoir qu'elle ne soit pas assez abondante. Il ne peut donc avoir de l'avantage que dans celles où la denrée est plus rare ; mais obligé de la vendre au moment même de la récolte, pour payer ses impositions & les frais de culture, ce n'est pas lui ; ce sont les spéculateurs qui profitent du surhaussement du prix.

On doit attribuer à ces différentes causes la répugnance des Cultivateurs à se livrer à des défrichemens ; mais il en est une particuliere ; l'augmentation de produit que les défrichemens procurent, sont souvent un motif pour augmenter les impositions du Cultivateur ; c'est couper l'arbre par la racine, pour en cueillir les fruits. Si on ne remédie pas à ce mauvais calcul, on ne ſçauroit ſe flatter qu'aucun Agriculteur, excepté le riche Propriétaire, ſe détermine à défricher. Le moyen d'y remédier ſeroit de rendre une Loi qui affranchira de toutes impoſitions, pendant un eſpace de temps plus ou moins long, les ter-reins qui ſeront conſtatés n'avoir pas été travaillés depuis trente ou quarante ans. Il ſera néceſſaire, pour être bien certain de la vérité du fait, que le procès-verbal qui le conſtatera ſoit dreſſé en préſence des Syndics des Paroiſſes.

Les Provinces pourroient auſſi donner des encourage-mens, pour engager le Cultivateur pauvre à établir des ruches à miel, à planter des oliviers & des mûriers; car nous ſommes également tributaires de l'Étranger pour la cire, l'huile & la ſoie.

De tout ce que nous venons de dire, on doit en conclure que notre Agriculture eſt bien éloignée de l'état de perfection où elle pourroit arriver. Nous ne ſçaurions nous en prendre au défaut d'étendue & de fertilité de notre ſol, nous n'avons rien à déſirer à cet égard; mais, nous le répétons, ce ſont les moyens qui manquent à la preſque totalité des Cultivateurs. Tant que les choſes ſeront ainſi, nous ne devons pas eſpérer d'augmenter nos produits en ce genre. Cependant ils ſont ſuſceptibles au moins d'un quart d'augmentation, & cinq cents millions de plus ne ſont pas peu de choſe dans la maſſe générale de la circulation. L'aiſance qu'une pareille augmentation procureroit, influeroit bientôt ſur la population; car les hommes abondent par-tout où il ſe trouve un travail qui les fait ſubſiſter commodément. Le déſir de ſe repro-duire a un attrait ſi puiſſant, qu'il ne peut être dominé que par la crainte de ne pouvoir pas procurer une ſub-ſiſtance aiſée à ceux à qui l'on donneroit le jour; mal-heureuſement le Payſan ainſi que l'Ouvrier ont appris, comme les autres, à calculer ſur cet article. Si leur crainte eſt funeſte pour la population, elle n'eſt pas moins nuiſible

nuifible au progrès de nos Manufactures ; nous ne fçaurions nous abufer à cet égard.

Nos fabrications dans tous les genres ne font pas auffi animées qu'elles pourroient l'être. Nous avons obfervé dans le
dernier calcul , qu'en portant à *trois milliards* la totalité des
revenus de la France , le produit de l'induftrie, ou autrement le prix du travail devoit y entrer pour fept cents millions. Cette fomme divifée & répartie fur vingt-fix millions
d'individus de tout âge & de tout fexe , tant de la France
que des Colonies , ne formeroit pour chaque individu qu'environ *vingt-fix livres dix-huit fous fix deniers ;* & encore com-
prenons-nous dans ces fept cents millions, comme produit
de la main-d'œuvre & du travail , la moitié des revenus de
nos Colonies , quoique la plus grande partie de ces revenus
appartiennent au fol & à l'Agriculture. Malgré cela , nous ne
trouvons que vingt-fix livres dix-huit fous fix deniers pour
chaque individu , y compris les riches & les pauvres. Certainement une pareille fomme n'eft pas proportionnée à la maffe
du travail qu'on auroit droit d'attendre d'une population de
vingt-fix millions d'individus qui habitent un pays auffi induftrieux que la France , & on ne peut voir qu'avec peine &
avec furprife que nous foyons obligés de payer chaque année
à l'Etranger des fommes confidérables , foit pour la valeur des
matieres premieres néceffaires à nos fabriques , foit pour le
prix des étoffes fabriquées. Nos importations pour ces objets
montent annuellement à plus de cent cinquante millions.
Nous ne comprenons pas dans cette fomme les articles pour
lefquels nous fommes abfolument obligés d'avoir recours à
l'Etranger , tels que les épiceries & quelques autres de la
même nature ; nous ne parlons que des matieres premieres
que nous pourrions récolter en France & dans nos Colonies , ou des marchandifes que nous pourrions fabriquer. Il
fuffit que nous foyons tributaires à cet égard de l'Etranger ,
pour que nous foyons fondés à en conclure que nos Manufactures , ainfi que notre Agriculture , n'ont pas toute l'activité qu'elles pourroient avoir , & dont nous aurions befoin

K

pour notre propre confommation. Ce mal eft d'autant plus grand, qu'il laiffe dans le Royaume beaucoup de bras oififs, qui, bien loin de lui être à charge, feroient occupés utilement.

On compte que le nombre des pauvres, foit de ceux qui trouvent habituellement afile dans les Hôpitaux & dans les Maifons de charité, foit des autres qui vivent d'aumônes publiques & fecretes à Paris & dans les Provinces, eft d'environ *cent quatre-vingt mille* (1), c'eft-à-dire, à raifon de *vingt* fur trois lieues quarrées, ou de *vingt* fur deux mille fix cent cinquante-deux individus (2). La main-d'œuvre que procureroit à l'Agriculture & à nos Fabriques l'emploi des cent cinquante millions, excéderoit de beaucoup la fomme de travail néceffaire pour occuper les bras oififs valides. Quant aux infirmes, l'Etat feroit dédommagé & au delà des facrifices qu'il fait pour venir à leur fecours, par les avantages de la circulation intérieure. Quoique la mendicité foit fouvent engendrée par la pareffe & par les mauvais exemples, cependant le plus ordinairement elle prend fa fource dans le befoin occafionné par le manque de travail, ou par cette multitude d'infirmités auxquelles eft fujette l'efpece humaine. Le Payfan ne déferte les campagnes que parce qu'il ne peut pas y trouver une exiftence aifée; le même motif l'engage à envoyer fes enfans dans les villes, pour y apprendre un Art qu'il croit plus lucratif que celui de l'Agriculture, ou pour y fervir les riches; mais les ceffations de travail, la corruption des mœurs, & la mifere, les fuivent de près, & viennent les y affiéger. Il ne leur refte d'autre reffource que la mendicité. On aura beau faire les réglemens les plus fages pour la bannir, on n'y réuffira jamais, fi on ne procure pas au

_______________

(1) Voyez un petit Ouvrage intitulé *Notice des principaux Réglemens publiés en Angleterre, concernant les Pauvres*, imprimé à Londres en 1788.

(2) La population moyenne d'une lieue quarrée étant en France de neuf cent quinze, la population de trois lieues quarrées eft de deux mille fept cent quarante-cinq.

pauvre les moyens de pouvoir subsister par son travail.

Tel doit être & tel est effectivement l'objet des Arts & des Manufactures; mais pour le remplir dans toute son étendue, il ne faut pas perdre de vue deux maximes principales concernant le Commerce intérieur. L'une, que l'importation des marchandises étrangeres qui empêchent la consommation de celles du pays, ou qui nuisent au progrès de sa culture, entraîne nécessairement à la longue la ruine d'une Nation. L'autre principe est, que toute importation d'objets uniquement de luxe, en échange de l'argent, ne doit être autorisée & permise que lorsque la plus grande partie des objets importés est destinée à être réexportée, & qu'elle présente à la réexportation un bénéfice qui puisse dédommager la Nation de la perte qu'elle fera sur la partie qu'elle a gardée pour sa consommation.

On a essayé, dans un Ouvrage qui a paru depuis peu, de répandre des doutes sur la vérité de ces deux principes; & on s'est fondé sur une prétendue maxime, *que vendre c'est acheter, & qu'acheter c'est vendre, puisque l'argent n'est qu'une marchandise. Cent mille écus en argent ne valent pas mieux que cent mille écus en marchandises; il est fort indifférent d'être payé d'une maniere ou d'une autre;* & d'après cette maxime, on a conclu que le bénéfice sur le change est le seul profit réel de ce qu'on appelle la balance du Commerce.

Si on n'avoit pas présenté la maxime comme devant s'appliquer indifféremment à tous les cas possibles, nous ne l'aurions pas relevée; mais comme on a cherché à la faire servir de base à des résolutions très-importantes pour la prospérité du Commerce national, nous avons cru devoir renfermer cette maxime dans ses véritables bornes. Nous convenons qu'en général cent mille écus en argent ne valent pas mieux que cent mille écus en marchandises; mais l'achat des marchandises montant à trois cents mille livres, peut être une opération ruineuse, comme elle peut devenir une opération

K ij

lucrative. Si ces marchandifes doivent être confommées par la Nation qui les achete, leur achat eft une caufe de diminution de fes richeffes, puifque ces marchandifes une fois confommées, la Nation eft privée du numéraire qui a fervi à leur payement, & qu'il ne lui refte rien pour le repréfenter. Si, au contraire, l'achat de ces marchandifes eft un objet de fpéculation, & qu'au lieu de les confommer on fe propofe de les revendre, cette opération peut devenir lucrative par le benéfice fur la revente. Auffi n'avons-nous admis une partie du principe, qu'avec la reftriction que les marchandifes importées feront réexportées. Il faut raifonner par rapport à l'intérêt relatif d'un Etat, vis-à-vis les autres Etats de l'Europe, comme on raifonneroit fur les fpéculations d'un Négociant. Celui qui emploieroit fes capitaux à l'achat de diverfes étoffes, & qui, bien loin de les revendre, les confommeroit en habillemens & en ameublemens pour lui & pour fa famille, deviendroit-il bien riche? Une Nation qui achete pour confommer, n'eft-elle pas dans le cas de ce Négociant? S'enrichit-elle?

Nous en avons affez dit fur cette queftion, pour mettre les bons efprits en état de la décider, & nous revenons à ce qui peut concerner le Commerce intérieur. Pour qu'il puiffe avoir toute l'activité dont il eft fufceptible, ce n'eft pas affez que l'Agriculture, qui en doit être la premiere fource, foit encouragée de toutes les manieres poffibles, & fur-tout par l'abondance des beftiaux, par la diminution & l'égalité des impofitions dans leur répartition, par une jufte proportion entre la valeur des denrées de premiere néceffité, & le prix du travail du Cultivateur & du Manouvrier; ce n'eft pas affez que les Manufactures & les Manufacturiers foient protégés, qu'ils puiffent tirer du fol national toutes les matieres premieres fans être obligés de recourir à l'Etranger pour fe les procurer; ce n'eft pas affez que leurs productions ne foient pas expofées à éprouver des diminutions par une trop grande facilité à laiffer introduire dans le Royaume celles de la même efpece & du même genre que les leurs; ce n'eft

pas affez que nos mines, principalement celles de charbon
de terre, foient exploitées avec plus d'intelligence & d'em-
preffement qu'elles ne l'ont été jufqu'à préfent ; que nos pêcheries foient beaucoup plus animées, qu'elles foient dé-
barraffées des entraves qui les gênent ; que les Arts utiles
foient préférés aux Arts agréables ; que tous les bras foient
employés, & qu'il ne refte d'oififs que ceux qui n'ont pas la
force de travailler : tous ces avantages, quelque grands
qu'ils foient, ne produiront pas encore, pour la circulation
intérieure, tout l'effet qu'on auroit droit d'en attendre, tant
que l'Etat ne fera pas réuni en un feul corps dont tous les
intérêts feront communs.

La diftinction entre les Provinces de l'intérieur, celles
réputées étrangeres & celles à l'inftar de l'Etranger effectif,
fépare, quant aux traites, le Royaume en trois parties différentes, & cette féparation eft peut-être un des obftacles les
plus forts aux progrès de notre Commerce intérieur. Depuis
plus de cent ans, l'Adminiftration eft occupée des moyens
de rendre uniforme le tarif des droits fur les marchandifes
étrangeres importées dans le Royaume, & fur celles qui
en font exportées ; il faut efpérer que ce grand œuvre,
que nous regardons comme un des plus importans pour
la profpérité nationale, fe confommera, & nous annon-
çons avec plaifir que ce tarif eft tout prêt. Mais comment
le faire exécuter tant que les Provinces, à l'inftar de l'E-
tranger effectif, ou celles réputées étrangeres, ne voudront
pas fe départir de leurs priviléges ? Eh quel privilége plus
abufif que celui qui expofe la plus grande partie de la Nation
à fe voir inondée de marchandifes étrangeres, fi elle ne
fait pas des frais immenfes pour en empêcher l'introduction !
Quel privilége encore que celui de ne pouvoir confommer
des marchandifes nationales, qu'en payant chèrement la
condefcendance du Gouvernement à le permettre ! Quel privilége enfin que celui qui réduit une portion des habitans du
Royaume à ne pouvoir faire d'autre Commerce que le Com-

merce étranger ! Aussi ce ne sont ni les Négocians, ni les Commerçans honnêtes qui s'opposent à l'uniformité des droits d'entrée & de sortie. Ce sont, d'une part, les fraudeurs qui regardent la contrebande comme un Commerce ; d'autre part, les Propriétaires qui craignent que les denrées de l'intérieur du Royaume n'operent une concurrence qui diminuera la valeur de celles qu'ils récoltent ; & pour tout dire, ce sont les personnes vivant de leurs rentes, qui calculent que tout ce dont ils auront besoin pour leur consommation particuliere enchérira. Les premiers ne méritent certainement aucune considération. Les troisiemes en méritent beaucoup plus ; mais leur intérêt particulier ne sçauroit l'emporter sur l'intérêt général. Quant aux Propriétaires de fonds, s'ils pouvoient se convaincre des avantages que procure à une Province un Commerce bien animé, & combien fait valoir les propriétés une circulation du numéraire plus abondante, nous ne doutons pas qu'ils ne changeassent d'avis. Au surplus, cette question a été si bien traitée, que nous ne pouvons rien faire de mieux que de renvoyer ceux qui voudront la considérer sous tous les points de vue qu'elle présente, aux Ouvrages qui ont été faits pour & contre.

C'est ici le moment d'examiner une autre question d'une égale importance, & dont la solution mérite d'autant plus d'attention, qu'elle peut influer sur la décision de plusieurs autres relatives tant au Commerce intérieur qu'extérieur.

Elle consiste à savoir s'il faut abandonner entiérement le Commerce à lui-même, & s'en rapporter uniquement à la bonne foi du Négociant & du Commerçant, ou s'il faut laisser subsister des Loix & des Réglemens, pour être assuré que la bonne foi sera respectée.

Les partisans de la liberté indéfinie pensent que la moindre contrainte est nuisible au Commerce ; que le meilleur Gouvernement est celui qui oublie qu'il existe un Commerce dans l'Etat ; qu'il ne doit s'en souvenir que pour le protéger par mer & par terre, pour l'encourager & lui faciliter les communications, en ouvrant des canaux & des chemins; ils bornent à ces seuls objets l'office de la puissance publique.

Les partisans de l'ancien régime réglementaire désireroient au contraire que l'Administration veillât sans cesse à ce qu'une branche de Commerce n'intercepte pas la nourriture qu'une autre doit recevoir; à ce que le Commerce étranger ne nuise point au nôtre; à ce que le Gouvernement favorise l'importation des matieres premieres, qui ne font pas de notre cru & qui sont nécessaires à nos Manufactures; à ce qu'il encourage l'exportation des matieres ouvragées: ils voudroient que le Gouvernement prohibât la sortie de toutes les denrées de premiere nécessité, excepté qu'il ne fût démontré qu'il y en a dans le Royaume de superflues; ils voudroient encore que, pour exciter l'émulation & l'industrie, l'Administration accordât des priviléges, quelquefois exclusifs, mais toujours à temps & jamais sans bornes; qu'elle maintînt la bonne foi dans les ventes, par une attention continuelle à la qualité des ouvrages, au travail des étoffes, aux longueurs & largeurs, aux formes, aux apprêts, & aux teintures.

Pour concilier les deux opinions, l'Administration du Commerce crut devoir, en 1779, adopter un moyen terne, en ce qui concerne les différentes especes de fabrications; elle laissa à tous les Fabricans la liberté de fabriquer de la maniere qu'ils jugeroient à propos, à la charge de mettre aux étoffes qu'ils fabriqueroient, suivant des combinaisons arbitraires, des lisieres & des marques distinctives de celles dont doivent être revêtues les étoffes fabriquées, conformément aux Réglemens; en sorte que celles-ci seules seroient considérées à l'avenir comme ayant l'approbation & l'attache du Gouvernement, tandis que les autres seroient livrées en quelque sorte à l'essai qu'en feroit l'acheteur ou le consommateur: ce régime intermédiaire ne fut lui-même admis que par forme d'essai. Il en est résulté que le plus grand nombre des meilleurs Fabricans, qui ont persévéré à ne fabriquer leurs étoffes que conformément à ce qui eſt preſcrit par les Réglemens, n'ont pas tardé à ſe plaindre qu'ils ne pouvoient pas ſoutenir la concurrence avec ceux qui avoient préféré la fabrication arbitraire. D'autre part, ceux-ci ſe ſont également plaint qu'en les aſſujettiſſant à mettre à leurs étoffes des liſieres & des marques diſtinctes de celles miſes aux étoffes réglées, on attachoit, pour ainſi dire, un ſigne de réprobation à leurs marchandiſes; & quoique dans le fait ils aient fabriqué une plus grande quantité d'étoffes que les autres Fabricans, ils ont cependant demandé que les marques diſtinctives des deux eſpeces de fabrication fuſſent ſupprimées; en ſorte que la queſtion de la liberté indéfinie ou du ſyſtême réglementaire, quant aux Manufactures, ſubſiſte dans ſon intégrité. Elle ſubſiſte également en ce qui concerne le Commerce extérieur.

Pour pouvoir ſe déterminer entre ces deux extrêmes, il paroît néceſſaire de convenir de la véritable ſignification des termes. Qu'entend-on par cette expreſſion, liberté? Ce n'eſt certainement pas le droit, ou, pour mieux dire, la faculté de tout faire ſans examen ni reſtriction; une pareille faculté ſeroit non ſeulement contraire à tous les principes conſtitutifs des Sociétés & des Gouvernemens; mais encore elle ſeroit deſtructive de la liberté elle-même, car elle en ſeroit l'excès. Ainſi la liberté, priſe dans le ſens que tout être raiſonnable doit lui donner, eſt le droit de faire ce qui convient à notre intérêt perſonnel, ſans bleſſer les Loix divines, naturelles & poſitives, & ſans porter préjudice à autrui. Le Négociant, le Commerçant & le Manufacturier ſont inconteſtablement ſoumis à ces Loix; ils y ſont même ſoumis plus que tout autre, puiſque la bonne foi eſt l'ame & le ſoutien du Commerce.

La liberté, en ce qui les concerne, conſiſte à faire facilement toutes les opérations de Commerce que l'intérêt général de la Société, bien entendu, *permet*.

Ce dernier mot de la définition met une reſtriction à la liberté, & annonce la néceſſité des Loix & des Réglemens

pour

pour déterminer & prescrire ce qui doit être permis ou dé-
fendu. Opposera-t-on que l'équité naturelle étant le premier lien des Nations, elle suffira pour les éclairer sur leurs
devoirs respectifs? Mais il faudroit bien peu connoître le
cœur humain, pour ne pas savoir que l'intérêt personnel, toujours ardent & souvent mal entendu, fera naître en mille oc-
casions la fraude & l'injustice, sur-tout quand l'impunité en
assurera le succès.

Quelque bonne opinion qu'on puisse avoir de l'espece humaine, on ne se persuadera jamais qu'il puisse exister une
Société quelconque sans le secours de Loix protectrices &
conservatrices de la bonne foi. Le Corps des Négocians & des
Commerçans en général doit être considéré comme une espece de République formée par les besoins mutuels des différentes Nations chez lesquelles ils sont répandus. Des intérêts réciproques entretiennent leurs correspondances, & les
unissent; mais cette union cesseroit bientôt, si le Commerce
n'étoit plus que l'art de se tromper, réduit en pratique. La
Loi naturelle a été, il est vrai, la premiere Loi constitutive
de cette espece de République; elle a été la source d'une
infinité de maximes & d'usages sur la probité, la bonne foi,
l'honneur & le crédit, qui sont les bases fondamentales sur lesquelles tout le Commerce roule & se soutient; mais il a fallu
des regles particulieres concernant *la forme* des lettres de
change, *la force & l'étendue* des engagemens qu'elles contiennent. Il en a fallu pour *les assurances, le fret, le nau-
frage, les avaries, les ventes, les achats, les commissions.*
Il en a fallu pour les différentes especes de *Sociétés*
contractées par les Négocians, pour *les faillites* & les *banqueroutes.* Il en a fallu enfin pour toutes les parties qui com-
posent ce tout appelé *Commerce.* Lorsqu'on voudra jeter un
coup-d'œil sur sa marche ordinaire, on sera de plus en plus
convaincu de la nécessité qu'il soit soumis à des Loix. Ce
que nous allons dire concerne principalement le Commerce
d'exportation.

Chaque Négociant n'attend pas, pour se pourvoir des

articles dont il a befoin, qu'on les lui apporte, & il eft rare qu'il fe déplace pour aller les chercher ; le plus grand nombre a des Correfpondans ou des Commiffionnaires. Il achete & vend des marchandifes ou des denrées d'un prix & d'un volume confidérable, fans que le plus fouvent elles aient été déballées & examinées ; elles paffent d'un pays dans un autre, & changent trois ou quatre fois de Propriétaire, également fans aucun examen, fans vifites, & fans recherches ; fi ce n'eft celles des Douanes établies pour empêcher la contrebande ou faire payer les droits. Or, comment un Commerce fait de cette maniere pourroit-il exifter entre les Sujets de deux Puiffances différentes, s'il n'exiftoit aucune Loi, aucun Réglement, pour raffurer contre la fraude ? On fait que la fraude eft encore plus induftrieufe que les Loix ne font prévoyantes ; mais au moins elles contiennent & fervent de frein à la cupidité du plus grand nombre, & elles donnent un recours contre le fraudeur. Quoique ce recours n'offre le plus fouvent qu'une foible reffource, cependant elle fera toujours quelque chofe de plus que le remede indiqué par les partifans de la liberté indéfinie. Selon eux, le Négociant qui aura été trompé une premiere fois, s'expofera difficilement à l'être une feconde par la même perfonne, & le trompeur fera puni par la ceffation d'une correfpondance lucrative. Mais s'il n'y a pas de Loix, qui garantira le Négociant ou le Confommateur qu'il ne fera pas expofé aux mêmes tromperies vis-à-vis de tout autre auquel il s'adreffera ?

Quelques perfonnes ont voulu diftinguer le cas où la fraude eft confommée entre les Sujets de la même Puiffance, & ont prétendu qu'elle tiroit à des conféquences moins funeftes, que fi elle l'avoit été entre les Sujets de deux Puiffances différentes. Cette diftinction peut être vraie ; mais bien loin de prouver que les Loix ne font pas néceffaires pour le Commerce, elle prouve indirectement qu'il en faut pour les articles exportés. Or il eft bien difficile de concevoir que dans un Gouvernement policé, le Souverain n'accorde pas à ſes Sujets une protection égale à celle dont il reconnoît la néceſſité pour les Sujets des Puiſſances étrangeres.

Revenons au vrai : lorſqu'il n'y aura pas une eſpece de certitude que la bonne foi ſera reſpectée dans un Etat, les Commerçans qui habitent chez les autres Nations, ſe livreront bien plus difficilement aux opérations de Commerce avec les Sujets de l'Etat ſuſpecté, & ils n'en feront même que dans le cas où ils eſpéreront des profits qui pourront compenſer les riſques ; car, dans le Commerce, tout eſt calcul, & en derniere analyſe, ce ſont toujours les Gouvernemens mal policés qui ſont victimes de l'infidélité ou de la mauvaiſe foi de leurs Sujets.

Une ſeconde maxime également vraie, c'eſt que tout ſyſtême fondé ſur la bonté des hommes eſt toujours très-précaire & très-caſuel, & qu'il l'eſt encore davantage à proportion de la corruption des mœurs. Sans vouloir faire la critique de celles du ſiecle actuel, on croit pouvoir dire que le Commerce ne ſe fait plus avec la même bonne foi que nos peres le faiſoient. La plupart de ceux qui embraſſent cette profeſſion, reſpirent après le moment où ils auront pu s'enrichir, pour la quitter & procurer à leurs enfans un état plus honorable : on en ſera moins ſurpris, ſi l'on fait attention qu'en France, le Commerçant n'eſt peut-être pas auſſi diſtingué qu'il devroit l'être. Il n'en eſt pas de même en Angleterre & en Hollande ; le Commerçant, ſûr d'acquérir une conſidération proportionnée à l'utilité dont ſeront à ſa Patrie ſes opérations, n'eſt occupé que des moyens de monter ſon commerce de maniere à mériter la confiance de ſes Correſpondans, & de la tranſmettre à ſes enfans comme la portion la plus précieuſe de ſon hérédité. Quoi qu'il en ſoit, vouloir que l'intérêt de tous ſoit le mobile le plus puiſſant & le Légiſlateur le plus éclairé, c'eſt préſenter, ſous des mots différens, le ſyſtême de la liberté indéfinie, pour le mettre en oppoſition avec les ſimples lumieres du bon ſens ; car enfin cet intérêt de tous ne peut avoir d'exiſtence que par le concours & la réunion de tous les intérêts particuliers. Or, ſi ces intérêts ſe choquent & s'entre-croiſent ſans ceſſe, ſi l'opinion nationale les force, ou au moins les excite à diriger tous leurs efforts vers les richeſſes, comment le Négociant honnête pourra-t-il ſoutenir là concurrence avec celui qui regardera comme bons tous les moyens d'acquérir de la fortune, pourvu qu'il en acquiere promptement ?

Mais enfin à quels objets de Commerce les partiſans de la liberté indéfinie veulent-ils appliquer leur ſyſtême ? Car à force d'avoir généraliſé leur propoſition, ils l'ont rendue indéfiniſſable. Prétendent-ils qu'on doit permettre indéfiniment l'exportation, non ſeulement de toutes nos matieres premieres, néceſſaires pour alimenter nos Manufactures ; mais encore celle de toutes nos denrées de premiere néceſſité, même celle des blés, ſur le fondement que par-tout où il *y a cherté, il y a abondance ?* Une expérience de ving-cinq années nous a appris que ce principe n'eſt rien moins qu'infaillible ; ce qu'il a produit de plus réel a été de conſommer la miſere des peuples, & de jeter le Gouvernement dans des dépenſes immenſes. On auroit pu éviter ces deux maux, ſi on eût conſidéré que les rivieres & les fleuves qui traverſent le Royaume, ayant un cours très-rapide & aboutiſſans à l'Océan & à la Méditerranée, toutes les Provinces du Royaume peuvent en quinze jours être dégarnies des denrées les plus néceſſaires pour la ſubſiſtance de leurs habitans, tandis qu'il faut au moins quatre mois pour approviſionner les Provinces de l'intérieur, en remontant les mêmes fleuves.

En ſecond lieu, dès que la cherté opere la calamité publique, convient-il de l'employer comme moyen de procurer l'abondance, ſur-tout lorſque la crainte ſeule de manquer de l'abſolu néceſſaire peut produire des effets preſque auſſi funeſtes que la diſette ? Il s'agit ici de la ſubſiſtance de plus de 24 millions d'hommes. Cette conſidération ſeule ſuffit pour prouver que la prohibition de l'exportation doit être la premiere regle d'un Gouvernement prudent & ſage ;

que les fpéculations que l'on peut faire à ce fujet ne doivent être que très-fubfidiaires à la fûreté générale, & qu'elles ne peuvent avoir pour objet que le fuperflu, & encore faut-il qu'il foit prouvé moralement que la récolte fuivante remplira le vide.

En vain fe flatteroit-on que lorfque la liberté indéfinie fera admife, les Négocians de l'intérieur du Royaume s'occuperont de ce genre de Commerce. Deux obftacles invincibles s'y oppoferont toujours. L'un prend fa fource dans le préjugé national, qui a attaché à ce genre de Commerce l'idée du monopole. L'autre réfulte de ce que les fpéculations qu'on peut faire en France fur les grains, ne pouvant être qu'accidentelles, momentanées, & fouvent trop tardives pour en efpérer des bénéfices, l'efprit d'intérêt fuffiroit feul pour défabufer le Négociant d'une femblable entreprife. Auffi en voit-on fort peu qui fe livrent à ces fortes de fpéculations, fi ce n'eft dans les ports maritimes, parce qu'ils font affurés que, s'ils ne vendent pas leurs grains en France, ils pourront facilement les faire paffer à l'Étranger. Le plus fouvent ils les laiffent dans les navires; ils épargnent par-là des frais confidérables, que les Négocians de l'intérieur feroient obligés de fupporter : on doit auffi faire entrer pour quelque chofe dans les calculs, le rifque de voir fes magafins pillés, à la premiere appréhenfion d'une difette. Ce qui fe pratique dans le Nord, en Hollande, en Angleterre & dans quelques autres Etats de l'Europe, ne fçauroit nous fervir d'exemple. Les Etats du Nord récoltent beaucoup plus de grains qu'il ne leur en faut pour leur confommation; auffi ils éprouvent rarement des difettes en ce genre.

Quant à l'Angleterre, pour qu'elle pût fervir d'exemple à la France, il faudroit que tout fût égal de part & d'autre, & il s'en faut de beaucoup que cela foit ainfi. La France, plus grande que l'Angleterre, renferme à peu près la même population proportionnelle; mais il n'y a pas parité de productions en grains. L'Angleterre a peu de forêts; elle n'a point de vignes, point de plantations d'oliviers ni de mûriers ; tout son territoire est employé ou à produire des grains, ou en pâturages pour la nourriture des bestiaux. La France au contraire a des forêts assez étendues ; une grande partie de son sol est couverte de vignes : il ne reste par conséquent qu'une portion de ses possessions pour la production des grains ; ainsi, à fertilité égale, l'Angleterre doit avoir du superflu, quand la France n'aura que ce qui lui est nécessaire pour la nourriture de ses habitans. La France exporte des vins & des eaux-de-vie ; l'Angleterre est obligée d'en importer pour sa consommation entiere ; en sorte que, si l'on compare ce qu'elle exporte en grains, avec ce que la France exporte en vins & en eaux-de-vie, on trouvera que l'Agriculture de France fournit autant au Commerce étranger, que celle d'Angleterre. D'ailleurs l'Angleterre n'exporte aucuns grains pour ses Colonies ; celles qu'elle possede dans le Continent nourrissent les Isles, & envoient même des grains en Angleterre.

Une autre différence essentielle à saisir, c'est que dans le cas où la disette se fait sentir dans l'un ou dans l'autre Royaume, il est infiniment plus facile de pourvoir aux besoins de l'Angleterre, qu'à ceux de la France, puisque la consommation du premier n'est que le tiers de celle du second ; & qu'ainsi, en supposant le *déficit* d'un dixieme dans les récoltes des deux Royaumes, il faudro t 12 à 15 millions de quintaux pour subvenir aux besoins de la France, tandis que 4 à 5 millions suffiroient à l'Angleterre. Le Négociant le moins instruit sait qu'il n'y a aucune comparaison à faire entre la difficulté de se procurer l'une ou l'autre quantité. Nous ajouterons que, malgré les avantages dont jouit l'Angleterre pour l'approvisionnement des grains nécessaires à sa consommation, elle n'a pas été à l'abri des disettes. Non seulement elle a été obligée plus d'une fois d'en défendre la sortie, & d'abandonner par conséquent le système de la liberté ; mais encore elle s'est trouvée dans la nécessité d'en encourager l'importation par des primes. La faveur qu'elle accorde en général à l'exportation des grains, a été en partie balancée par le surhaussement qu'elle a opéré

dans le prix de la main-d'œuvre , qui est en général beaucoup plus chere en Angleterre qu'en France. Ce surhaussement a été tel, que peu s'en est fallu qu'il n'anéantît les
Fabriques de lainage ; l'Angleterre ne les a soutenues dans
leur état de prospérité , qu'en maintenant ses laines à un
prix bien inférieur à celui de toutes les laines de l'Europe,
quoique leur qualité soit supérieure à celle des autres pays,
excepté néanmoins les laines d'Espagne. Tel est le motif
des prohibitions les plus séveres , en ce qui concerne la
sortie des laines d'Angleterre ; leur abondance a dû nécessairement en diminuer la valeur. Cette défense a excité
souvent les plaintes des propriétaires de fonds ; mais le
Gouvernement Anglois n'a jamais cru devoir se relâcher de
la rigueur de ses principes, dans la crainte de favoriser nos
Manufactures de laines; il a préféré de tenir la main-d'œuvre
à un prix plus haut, par les facilités qu'il a donné à l'exportation des grains ; en sorte qu'en favorisant cette exportation, il a dédommagé les Propriétaires du sacrifice qu'il
en a exigé sur la valeur des laines (1). Nous avons cru
devoir traiter cet article un peu longuement, parce que, si
l'on sait en général que la main-d'œuvre est plus chere en
Angleterre qu'en France, mais que, d'autre part, les laines
y sont à meilleur marché , on en ignore une des principales
causes. Elle prouvera que la prétendue liberté Angloise ,
en matiere de Commerce, si fort vantée, est toujours calculée sur le plus grand avantage de l'Etat : car il est encore
plus contraire aux principes de la liberté de défendre l'exportation des laines, & sur-tout de celles qui sont superflues, qu'il ne l'est de prohiber l'exportation des grains.
Quoi qu'il en soit, il y a une si grande disparité entre les
deux Royaumes, par rapport au Commerce des grains,

---

(1) Dans un Ouvrage Anglois, intitulé : *Filature, Commerce, & Prix des Laines en Angleterre*, on articule que la défense d'exporter les Laines Angloises, enleve au Propriétaire ou au Fermier 60 à 100 pour 100 de la plus nette valeur de sa Laine, & que cette taxe odieuse & cruelle monte à 2 ou 3 millions sterlings par an. Voyez page 238 de la Traduction. Cet Ouvrage est très-intéressant.

que la conduite de l'un ne sçauroit déterminer celle de l'autre.

La Hollande peut encore moins être comparée à la France sur cet article ; elle ne recueille des grains que pour nourrir une partie de ses habitans ; elle est obligée d'avoir sans cesse recours aux Etrangers, pour se procurer ceux qui lui manquent. La liberté est donc le seul régime qui lui convienne. D'ailleurs son Commerce est celui d'économie ; il a principalement pour objet d'approvisionner, au meilleur marché possible, tous les Etats de l'Europe des choses qui leur sont nécessaires. Les Négocians Hollandois doivent avoir & ont effectivement des magasins de toutes les especes de marchandises, afin d'être prêts à les porter dans tous les pays qui en manquent. Comme le besoin des grains existe toujours dans leur Patrie, & qu'ils ont les moyens d'y pourvoir par les bénéfices immenses que leur procurent les autres branches de leur Commerce, ils spéculent en sûreté, en y important des grains.

On doit conclure de toutes ces différences, que le régime qui convient à une petite Nation est rarement dans le cas d'être adopté par une grande, sur-tout en ce qui concerne la partie des subsistances d'une nécessité absolue. Nous le répétons, la premiere regle d'une bonne administration doit être de n'accorder la liberté de l'exportation que pour le superflu. Les moyens de reconnoître quand & jusqu'à concurrence de quelle quantité ce superflu existe, ne sont pas faciles ; & c'est pourquoi la prohibition du Commerce des grains hors du Royaume, doit être l'état habituel de la France, sauf à tempérer cette rigueur, lorsque les apparences d'une récolte prochaine garantissent de la crainte d'en manquer ; & encore convient-il de veiller avec le plus grand soin à ce qu'il ne s'en exporte pas une trop grande quantité.

Le principe de la liberté indéfinie n'est donc pas tellement universel, qu'il puisse & doive être appliqué à tous les genres

de

de Commerce indifféremment. Il eſt, comme tous les autres principes, ſuſceptible d'exceptions ; & par une ſeconde conſéquence, il n'exclut pas de droit toutes les Loix & tous les Réglemens, même ceux qui ſont prohibitifs, quoique la prohibition ſoit diamétralement contraire à la liberté indéfinie.

Ce que nous venons de dire au ſujet de l'exportation de grains, nous pouvons, par les mêmes motifs, l'adapter aux autres denrées de première néceſſité, ainſi qu'aux matieres premieres dont nous avons beſoin pour alimenter nos Manufactures.

Mais peut-être nous conteſtera-t-on qu'il doive s'appliquer aux droits de traites. C'eſt encore ici le cas de diſtinguer. Si les partiſans de la liberté indéfinie ſe bornent à demander que ceux établis à la circulation de Province à Province ſoient ſupprimés, nos vœux à cet égard ſont conformes aux leurs ; mais s'ils demandent une ſuppreſſion entiere & abſolue des droits à l'introduction & à la ſortie du Royaume, nous obſerverons qu'il faut d'abord trouver les moyens de remplacer les produits ; en ſecond lieu, il faut engager les Puiſſances Etrangeres à imiter notre exemple : dans le cas où elles ne conſentiroient pas à faire le même ſacrifice, nous donnerions à leur Commerce un avantage immenſe ſur le nôtre ; mais comme il n'y a point de Nation qui puiſſe laiſſer libres l'entrée & la ſortie de toutes ſortes de denrées & de marchandiſes, il faut donc néceſſairement un tarif, ſoit pour l'intérêt de la Finance, ſoit pour encourager notre Agriculture, notre Induſtrie & notre Commerce. Tout tarif des droits de traite qui s'écarte de cet objet, eſt néceſſairement mauvais. Auſſi, de toutes les Loix néceſſaires pour l'adminiſtration du Commerce, il n'en eſt point qui exigent plus de calculs, de combinaiſons & de connoiſſances des intérêts reſpectifs des différentes Puiſſances ; & comme ces intérêts varient continuellement, à peine un Réglement eſt-il fait, qu'il faut lui en ſubſtituer un autre, pour entretenir, autant qu'il eſt poſſible, le niveau entre notre Commerce

M

& celui des Puissances rivales. Ici se trouve également en
défaut le systême de la liberté indéfinie, qui voudroit que
le Gouvernement oubliât en quelque sorte qu'il existe un
Commerce dans le Royaume. Voyons si on pourra en faire
une application plus heureuse à la partie qui concerne les
Manufactures.

Nous ne rappellerons point ici les observations que nous
avons déjà faites pour prouver combien les Manufactures
sont utiles dans un Etat, & combien il lui importe de les
multiplier & de les encourager; mais nous croyons devoir
entrer dans quelque détail sur plusieurs points relatifs à la
profession du Manufacturier.

C'est lui qui donne aux matieres premieres des formes
nouvelles, & qui par-là en augmente la valeur plus ou
moins, suivant les différentes especes de fabrication. Il
doit être considéré comme le premier Agent du Commerce dans cette partie; il lui imprime par lui, ou par
les bras qu'il met en action, tout le mouvement. Mais si
les Manufacturiers ne sont pas assujettis à des regles fixes
& certaines, s'ils ne sont pas surveillés par des personnes
instruites & désintéressées, si en cas de contravention ils
ne sont pas punis, toutes les probabilités se réunissent pour
croire que cet intérêt de tous, qu'on voudroit présenter
comme le mobile le plus puissant, sera encore sacrifié à
l'avidité de l'intérêt personnel. En effet, parmi le grand
nombre d'Ouvriers de tout âge & de tout sexe employés
dans les Manufactures, la plupart sont continuellement expo-
sés aux horreurs de la misere; ils n'ont rien à perdre du
côté de leur réputation, ils sont à peine connus, leurs
métiers sont épars & isolés; les fraudes qu'ils peuvent com-
mettre sont faciles à couvrir; ils travaillent presque tous
pour le compte des Commissionnaires ou de Commerçans
qui cherchent à tirer le meilleur marché possible de leur
travail, & qui, le plus souvent, les tyrannisent sur le prix
de la main-d'œuvre. Il faut en convenir de bonne foi, la
tentation de tromper est bien prochaine pour eux, & le

malheureux Ouvrier y réfistera difficilement, quand il ne
fera contenu par aucun frein.

On ne fçauroit comprendre, à la vérité, dans la même
claffe, les Entrepreneurs de ces grandes Manufactures, qui
réuniffent dans leur enceinte une quantité confidérable
d'Ouvriers; la réputation eft pour ces Manufacturiers un bien
aufli précieux qu'elle l'eft pour les Négocians en général.
D'ailleurs les avances confidérables qu'ils ont été obligés de
faire pour former leurs établiffemens, font en quelque forte
une garantie pour le Public qu'il ne fera pas trompé. Mais
en ce qui concerne les Fabriques ifolées, toutes les préfomp-
tions fe réuniffent pour ne pas laiffer de doute que le Négociant, le Marchand & le Confommateur feront fans ceffe
les victimes de la mauvaife foi du Fabricant, fi des Réglemens
mens fages ne forment pas une efpece de contre-poids qui
puiffe réfifter aux efforts de la cupidité. Le paffage du régime
réglementaire à celui de la liberté, fera d'autant plus funefte,
que l'Ouvrier & l'Artifan regarderont l'infidélité même
comme permife à l'ombre de l'axiome, *caveat emptor.* Ils ne
feront plus confifter l'habileté de leur Art que dans celle
de tromper; ils y réuffiront d'autant plus facilement, qu'en
général, parmi les Confommateurs, & même parmi les
Négocians à qui on expédie des marchandifes, il y en a
bien peu qui connoiffent toutes les rufes qu'on peut employer dans la fabrication. Combien ignorent qu'en tirant
une étoffe par le fecours de la rame, on peut lui donner
beaucoup plus de longueur & de largeur que fa fabrication
n'en comporte; qu'elle perd enfuite, lorfqu'on l'emploie,
tout ce qu'elle a acquis de trop, & que ce procédé en énerve
la qualité? Combien d'autres ne favent pas que le bril-
lant de la teinture ne décide pas de fa bonté, qu'elle eft
au contraire le plus fouvent une preuve que la couleur
eft fauffe? Combien enfin font féduits par des apparences
trompeufes, que les gens de l'Art peuvent feuls diftinguer & connoître?

On objectera fans doute que le difcrédit, dans les marchés étrangers, de nos étoffes, provient bien moins des vices de leur fabrication, que de leur cherté; mais pour que l'objection fût concluante contre les Réglemens, il faudroit prouver qu'ils occafionnent cette plus grande cherté, & prouver encore qu'aucune autre caufe ne l'opere. Or nous ne fçaurions nous diffimuler que chez plufieurs des Puiffances rivales, il y a une grande abondance des matieres premieres néceffaires aux principales branches d'induftrie, & que ces matieres premieres fe vendent 30 & même 60 pour 100 meilleur marché qu'en France. Chez d'autres la main-d'œuvre eft moins chere. Pourquoi ne pas attribuer à ces caufes la préférence que leurs fabrications ont fur les nôtres? Pourquoi vouloir rendre refponfables de cette préférence, les maîtrifes, les infpections & les Jurandes, les Bureaux de vifite & de marque, les priviléges exclufifs? fur-tout lorfqu'il eft bien conftaté que quand nous combattons à armes égales avec nos rivaux, nous avons la fupériorité. Parmi beaucoup d'exemples que nous pourrions citer, nous n'en rapporterons qu'un feul: celui de nos draps fins, fabriqués avec des laines d'Efpagne. Ne l'emportons-nous pas pour cet article fur toutes les Manufactures de l'Europe? Ce ne font donc pas les Réglemens, qui s'oppofent à la concurrence par rapport à ceux des articles que nos rivaux peuvent donner à meilleur compte que nos Manufacturiers. Nous difons plus: dès qu'un plus haut prix de la main-d'œuvre & des matieres premieres ne nous permet pas de combattre contre eux à armes égales, la perfection dans la fabrication eft encore plus nécef-faire, parce qu'elle peut feule nous préferver de la perte totale d'une branche d'induftrie prête à nous échapper. Or ce n'eft que par l'obfervation exacte des Réglemens, que nous pouvons être affurés d'obtenir cette perfection.

Les maîtrifes contribuent auffi beaucoup à empêcher qu'elle ne s'altere; & quand même le maintien de l'ordre public n'exigeroit pas que dans un Etat monarchique tous les Sujets foient claffés fuivant leur état & profeffion, il feroit effentiel pour le progrès des Manufactures & des Arts, qu'il exiftât des Jurandes & des Communautés. En effet, on ne peut favoir une chofe que lorfqu'on en a appris les principes, & qu'on a joint la pratique à la théorie. D'ailleurs il faut accoutumer de bonne heure la jeuneffe au travail ; & puifque nous voulons nous modeler en tout fur ce qui fe fait en Angleterre, ne perdons pas de vue que les apprentiffages & les compagnonages font plus longs chez les Anglois que chez nous. À l'égard des maîtrifes, elles ne peuvent être confidérées en France comme onéreufes, que par rapport à la finance ; il feroit à défirer qu'on pût la fupprimer, ou au moins la diminuer en plus grande partie ; c'étoit le vœu général, à l'époque du rétabliffement des Communautés ; mais il falloit acquitter les dettes des anciennes fupprimées ; le tréfor royal n'étoit pas en état de faire le facrifice entier du produit du droit ; tout ce qu'il a pu faire a été de confentir qu'il fût diminué confidérablement : il l'a été ; les droits d'admiffion à la maîtrife font employés utilement, tandis qu'ils l'étoient à des frais de banquets, ou qu'ils étoient gafpillés par les Syndics & Gardes.

Ils en ufoient de la même maniere pour le produit du droit de marque. Quant à la formalité de la marque en elle-même, elle étoit indifpenfable dans l'exécution du plan de M. Colbert ; elle fut inftituée par ce Miniftre, & il n'eft pas poffible de la fupprimer, fi on croit devoir laiffer fubfifter les Réglemens, puifque c'eft elle qui conftate que la fabrication y eft conforme. Dans le cas même où l'on croiroit devoir l'anéantir, il feroit encore néceffaire d'affujettir les étoffes nationales à être marquées, pour pouvoir les diftinguer des étoffes étrangeres. Le droit eft fi modique, qu'il ne peut pas être un obftacle à la concurrence. Son produit eft deftiné à payer les appointemens des Infpecteurs & de tous les autres Agens du Commerce. Si on admet *la liberté indéfinie*, on convient fans peine que le plus grand nombre de ces Agens devient inutile ; on pourroit alors ne laisser subsister le droit que jusqu'à concurrence de la valeur intrinsèque du plomb que fournit actuellement l'Administration, & qu'elle ne fournissoit pas autrefois, & jusques à concurrence des appointemens des Préposés chargés de faire apposer la marque. Tout calculé, cette économie n'allégeroit pas la fabrication nationale de 100 mille livres par année.

Cependant, à entendre quelques Communautés qui voudroient s'arroger le produit du droit pour continuer d'en faire un mauvais usage, on a dû croire qu'il grevoit considérablement le Commerce, & que c'étoit une nouveauté. Rien n'est plus contraire à la vérité. Pour rendre leur demande plus favorable, ces mêmes Communautés ont demandé d'être rétablies dans la prérogative dont elles jouissoient, d'inspecter les ouvrages de leur Art ou profession, elles ont invoqué la disposition des anciens Réglemens; mais elles n'ont pas dit que le changement n'a été fait que pour empêcher les abus en tous genres, auxquels se livroient le plus grand nombre des Syndics & des Jurés-Gardes. Si à l'exemple de leurs prédécesseurs, ils eussent continué à regarder cette qualité comme une distinction qui les associoit en quelque sorte à l'Administration, on n'eût jamais songé à leur substituer des Préposés pour la perception du droit.

Quant aux Inspecteurs & aux Sous-Inspecteurs, leur création remonte également à l'époque du Ministere de M. Colbert; il étoit intimement persuadé que leurs fonctions seroient utiles aux progrès des Manufactures, & elles l'ont été infiniment; elles le seront encore, lorsque ceux qui les remplissent seront assurés de la marche qu'ils doivent tenir; mais depuis 20 ans on a changé si souvent de systême, qu'ils ont été continuellement dans l'incertitude sur les principes & sur leur application. Malgré cela, on doit la justice au plus grand nombre d'entre eux, qu'ils ont beaucoup de lumieres, de connoissance & de zele. Leur existence, ainsi que celle des autres Agens du Commerce, est subordonnée à la question de savoir si on laissera sub-

fifter le régime réglementaire. En cas qu'on croie qu'il eft
préférable au fyftême de la liberté, il n'eft pas poffible
que l'Adminiftration confie le foin de faire exécuter les
Réglemens à d'autres perfonnes qu'à celles choifies &
nommées par elle. Leur exiftence devient encore plus
néceffaire, fi le moyen terme admis entre la liberté indéfinie & la rigueur de la regle, continue à être adopté ;
car il faut des perfonnes inftruites, défintéreffées & fide-
les, pour être affuré que les marques diftinctives de l'une
& l'autre fabrication ne feront pas appliquées indifféremment & fuivant l'intérêt de chaque Fabricant.

Peut-être que pour maintenir l'équilibre entre les deux
efpeces de fabrications, il conviendra de tempérer, encore
plus qu'on ne l'a fait, les difpofitions pénales des anciens
Réglemens, & même de les fimplifier : nous ne craindrons
pas d'avouer que nous fommes de cet avis ; mais nous ajouterons que cette partie de la Légiflation eft peut-être une
des plus difficiles. Il y a de çà & de là des écueils également
dangereux. Trop de gênes expofent continuellement le Fabricant à des faifies & à des confifcations, elles le décou-
ragent. Une trop grande liberté introduit la licence &
opere le difcrédit. Un jufte milieu eft difficile à faifir.

Les priviléges exclufifs ont également excité fouvent
les murmures & les plaintes des partifans de la liberté indéfinie ; au feul mot de privilége exclufif, ils crient à la
profcription. S'ils veulent parler uniquement de ceux d'exploitation, ils ont toute raifon de les regarder comme abu-
fifs, même ceux accordés à des Compagnies, excepté qu'il
ne foit démontré clairement que le Commerce dont il
s'agit ne peut fe faire que par ce moyen, & que nous
avons intérêt de le faire. Hors ce cas d'exception, il nous
paroît de la plus grande importance de s'attacher ftricte-
ment au principe, que tout privilége *d'exploitation* doit
être profcrit.

Nous nous garderons bien de nous expliquer fur la grande
difficulté qui exifte entre les Négocians des principales

places commerçantes du Royaume , & les Intéreffés dans l'entreprife du Commerce actuel des Indes ; la décifion foumife aux lumieres du Confeil dépend de l'éclairciffe- ment d'un grand nombre de faits fur lefquels les Parties ne font pas d'accord, à beaucoup près. Sans vouloir préju- ger les queftions qui les divifent, nous croyons pouvoir dire , que s'il étoit vrai que la nouvelle Compagnie des Indes ne fît qu'un Commerce de grand cabotage, & qu'elle n'achetât que de la feconde main les marchandifes qu'elle importe en France, fon intervention pour faire ce genre de Commerce feroit d'autant plus inutile, que nous n'a- vons dans cette partie du Monde prefque plus de poffef- fions à conferver (1). Dans le cas contraire, la difficulté refte entiere ; & malgré tout ce qu'ont dit les partifans de la liberté, lorfqu'il fut queftion de décider fi l'on fuppri- meroit la précédente Compagnie des Indes, ils ne nous ont pas perfuadé qu'elle pouvoit alors être remplacée fa- cilement par des Négocians qui agiroient chacun pour leur compte particulier. L'Angleterre, la Hollande & le Danemarck font ce Commerce par des Compagnies. Leur exemple doit être confidéré pour quelque chofe. Nous favons qu'on répond que ces Puiffances, & fur-tout l'Angleterre, ont des poffeffions confidérables dans l'Inde ; que pour les conferver il eft néceffaire que leurs Négocians forment en quelque forte un Corps mercantille , civil & militaire ; mais que dans l'état actuel des chofes, cette rai- fon ne fçauroit s'appliquer à la France. Nous l'avons déjà obfervé ; cependant il n'eft pas moins vrai qu'un genre de commerce qui exige qu'on prépare d'avance les cargaifons des marchandifes qui doivent être importées en Europe , & pour lequel il faut des fonds auffi confidérables, peut difficilement être entrepris par des particuliers ifolés. Non feulement il ne s'agit pas d'établir une concurrence entre

_______________

(1) Il ne nous refte que Pondichery & quelques dépendances.

eux ;

eux ; au contraire, c'eſt l'enſemble des opérations qui peut
leur aſſurer quelques ſuccès. C'eſt tout ce que nous nous
permettrons de dire ſur la Compagnie des Indes actuelle.

Quoiqu'on ne puiſſe pas appliquer à celle de Barbarie ce
que nous venons d'obſerver, cependant des conſidérations
puiſſantes paroiſſent avoir déterminé à accorder à cette Compagnie le privilége excluſif dont elle jouit. L'un de ces mo-
tifs eſt que l'on ne peut faire le commerce dans les Etats des
différens Souverains du pays, qu'après avoir obtenu leur
permiſſion, & on ne l'obtient qu'à force de préſens. Plus il
y aura de particuliers qui leur demanderont leur protection,
& plus ils la feront payer. Sans cette crainte, qui peut-être
n'eſt pas auſſi fondée & auſſi réelle qu'on a voulu nous le per-
ſuader, nul doute que le privilége excluſif accordé à une
Compagnie ne dût être ſupprimé, d'autant plus que la plus
grande quantité des retours ſe fait en grains.

Quant à celui accordé à la Compagnie du Sénégal, elle ne
l'auroit jamais obtenu, ſi le Gouvernement n'avoit pas été
dans le cas de donner des dédommagemens conſidérables à
l'ancienne Compagnie de la Guyanne, à laquelle a été ſu-
brogée celle du Sénégal. C'eſt en conſidération des pertes
qu'avoient faites les Intéreſſés dans cette ancienne Compagnie,
que le Miniſtre, chargé alors du département de la Marine,
a bien voulu ſe relâcher de la rigueur de ſes principes. Intimement perſuadé que le Gouvernement étoit garant des
pertes, puiſqu'elles avoient été faites en conſéquence des
ordres & des promeſſes de l'Adminiſtration, il a penſé que
l'impoſſibilité dans laquelle étoit le Tréſor Royal de donner
des indemnités en argent, ne pouvoit ni ne devoit diſpen-
ſer le Roi de payer d'une autre manière une dette légitime.
Sans cette conſidération, fondée ſur la juſtice, le privilége
excluſif, bien loin d'avoir été renouvelé pour quelques années de plus, auroit été ſupprimé, & il faut eſpérer qu'il le
ſera au terme indiqué, parce que tout privilége de ſimple
exploitation, qui concentre dans les mains de quelques per-

fonnes des droits & des prérogatives communs à tous, porte avec lui le caractere de réprobation.

Celui accordé à un certain nombre de Négocians pour le Commerce du Levant, fembleroit devoir être confidéré de la même maniere ; mais une expérience fuivie a prouvé que les circonftances locales de ce Commerce exigent que les Maifons qui envoient à Conftantinople, ou dans les autres Echelles du Levant, des marchandifes pour les vendre, ufent des mêmes moyens qu'employent les gens du pays pour les acheter. Ils fe réuniffent & fe liguent contre les vendeurs ; fi, de leur côté, ceux-ci ne faifoient pas une efpece de confédération, ils feroient néceffairement victimes des Acheteurs. Cette raifon & un grand nombre d'autres, appuyées fur l'expérience, ont déterminé les différens Réglemens qui ont été faits pour ce Commerce. Le plus important de tous étoit celui qui prefcrivoit de n'envoyer dans le Levant que les draps d'une qualité fupérieure ; la confommation en étoit alors très-confidérable. Nous en avons exporté dans certaines années pour quinze à dix-huit-millions ; mais lorfque le fyftême de la liberté a prévalu, les Fabricans du Languedoc l'ont adopté avec avidité ; ils ont été punis de s'y être livrés trop inconfidérément, & ont été forcés de revenir à la bonne fabrication. Cette épreuve avoit réduit notre exportation en draps dans le Levant à fix ou fept millions, année commune. Heureufement l'ancienne réputation dont ils jouiffoient fe rétablit, & il faut efpérer que le paffé nous corrigera pour l'avenir.

Quoique nous tirions des différentes Echelles beaucoup plus de marchandifes que nous ne leur en envoyons, cependant, comme les retours font prefque tous en matieres premieres, ce Commerce eft infiniment précieux pour nous, & mérite toute l'attention du Gouvernement, fur-tout eu égard aux efforts que font les Puiffances rivales pour nous l'enlever. Leur fuccès n'eft déjà que trop confidérable.

Mais pour revenir à la queftion des priviléges exclufifs,

nous croyons devoir diftinguer ceux d'exploitation & ceux d'invention ; les premiers nous paroiffent ne devoir être accordés que lorfqu'il eft bien démontré que fans leur fecours on feroit obligé d'abandonner une chofe infiniment utile pour le Public , ou une branche de Commerce intéreffante. C'eft le cas où l'exception confirme la regle. S'il étoit permis de critiquer les opérations du Gouvernement , on diroit qu'on a fouvent accordé des priviléges exclufifs pour des exploitations qui auroient dû refter libres. Le plus grand nombre des établiffemens confidérables qui exiftent en France, ont été formés à la faveur de pareils priviléges, fur le fondement qu'il falloit des fonds confidérables pour mettre l'entreprife en activité. En fuppofant cette raifon décifive , il n'y en avoit aucune pour les renouveler à leur expiration.

A l'égard des priviléges d'invention , notre maniere de penfer eft bien différente. Sans vouloir adopter dans toute fon étendue celle des Anglois qui les accordent indifféremment & fans aucun examen préalable , nous croyons que nous en avons accordé trop rarement , & qu'en retardant, par notre trop grande circonfpection , le progrès des connoiffances dans les Sciences & dans les Arts , nous avons infiniment nui à l'induftrie nationale , & par une conféquence néceffaire à nos Manufactures. Nous pourrions faire à ce fujet un parallele entre la France & l'Angleterre , qui ne feroit pas à notre avantage.

Si nous confidérons enfuite le droit que les Inventeurs font fondés à réclamer, il ne fera pas poffible de difconvenir que leur invention eft une véritable propriété, femblable en tout aux autres propriétés, & en particulier à celle des Hommes de Lettres & des Auteurs. On n'a jamais refufé à ceux-ci des priviléges exclufifs pour un efpace de temps plus ou moins long , fuivant la nature de leurs Ouvrages. Pourquoi le refufer à l'Inventeur d'une Mécanique d'une compofition nouvelle, d'un procédé chimique inconnu , dont la découverte peut devenir utile au Public ? Il fera vrai, si l'on veut, que le Gouvernement n'est pas tenu à la rigueur d'accorder la même protection pour faire valoir cette espece de propriété, que pour les autres comprises sous la dénomination générale de propriétés, parce que le produit de celles-ci tourne au profit de tous, & qu'au contraire les priviléges exclusifs d'invention ne sont utiles, au moins pour un certain temps, qu'aux Inventeurs : mais il paroît répugner à l'équité naturelle de forcer un Inventeur à rendre public son secret, ou à l'enfouir, dans le cas où il ne voudroit pas le communiquer. Cependant, s'il est utile, il viendra un moment où tous en profiteront ; s'il ne répond pas à l'espérance qu'on en avoit conçue, l'Inventeur ne pourra en imputer le mauvais succès qu'à lui-même. L'objection qu'on a faite quelquefois, que le Gouvernement est intéressé à empêcher les Sujets de se ruiner, ne mérite pas d'être discutée. Ce n'est pas au Gouvernement à conduire la plume du Négociant, la main de l'Artiste, la navette du Manufacturier. S'il vouloit calculer les facultés de tous, c'est alors qu'on diroit avec raison que la liberté & l'industrie sont enchaînées ; mais lorsque la surveillance du Gouvernement se bornera à empêcher que la bonne foi ne soit victime de la cupidité & de la fraude, lorsqu'il emploiera tous les moyens possibles d'exciter l'émulation, en accordant des priviléges d'invention, de pareils actes de bienfaisance ( l'on pourroit dire de justice ) ne pourront qu'ajouter de nouvelles forces à la somme d'industrie & des richesses déjà acquises. L'Etat fera alors tout le Commerce qu'il peut faire.

C'est pour parvenir plus promptement à cet objet, que bien des personnes désireroient que le Gouvernement accordât des encouragemens par préférence à des priviléges exclusifs, parce que l'Etat jouiroit dans l'instant même du fruit de la découverte. Cette maniere de récompenser est certainement plus conforme à l'intérêt de tous ; mais le plus souvent il est très-difficile de calculer l'utilité dont sera une invention nouvelle ; il ne l'est pas moins d'apprécier les peines & les dépenses qu'elle a coutées à l'Inventeur ; & souvent encore le Gouvernement n'est pas en état de faire des sacrifices ; d'ailleurs cette maniere de récompenser a un grand inconvénient ; c'est que l'Etranger profite de l'invention aussi-tôt & souvent plus tôt que la Puissance qui en a payé les frais. Toutes ces considérations doivent être mises dans la balance, lorsqu'il est question d'une demande en privilége exclusif. Mais la question en elle-même, de savoir s'il convient d'en accorder, ne nous paroît pas problématique.

La franchise accordée à quatre ports du Royaume, de recevoir & de réexporter à volonté les marchandises prohibées ou assujetties à des droits prohibitifs, ne peut être considérée relativement aux autres ports & aux autres Provinces de la France, que comme une sorte de privilége exclusif, puisque ces quatre ports sont les seuls qui jouissent de cette liberté. Le motif qui a déterminé à la leur accorder, a été de ne pas renoncer au Commerce de réexportation dont nous avions besoin pour approvisionner nos Colonies de plusieurs articles prohibés, & qui d'ailleurs étoit un moyen de plus d'augmenter la masse des richesses nationales. Le même motif fit introduire les *transits*, & détermina à établir des entrepôts : ils furent supprimés ensuite pendant long-temps ; mais on sentit que cette suppression nuisoit infiniment à la circulation intérieure, puisqu'on étoit privé par-là de tous les avantages que procuroit le passage des marchandises par les différentes routes de France pour arriver chez l'Etranger, & on les a rétablis (1). Le Commerce qui se fait à la faveur du *transit*, & des entrepôts, n'est pas comparable à l'étendue de celui qui se fait par les ports francs. Cependant c'est une question que celle de savoir s'il n'y auroit pas pour la France un plus grand

______

(1) Ils n'ont été rétablis que partiellement & pour des objets déterminés ; le Commerce qui se fait par cette voie & par celle de l'entrepôt, ne sçauroit par conséquent être aussi considérable que celui qui se fait par les ports francs.

avantage de le faire par la premiere voie que par la seconde ; nous sommes très-portés à le croire, & voici sur
quoi nous nous fondons.

Les ports francs concentrent le Commerce d'exportation dans quelques points ; ils en resserrent par conséquent
de beaucoup l'étendue. Par une suite nécessaire, ils ralen-
tissent la circulation des produits.

2°. Les ports francs ne pouvant convenir que pour le
Commerce maritime, ils privent la France de la partie de
ce Commerce qu'elle pourroit faire avec la Suisse & avec
une partie de l'Allemagne & de l'Italie.

3°. Ils nuisent à la consommation des productions nationales, parce qu'étant regardés comme étrangers par rapport aux traites, les marchandises étrangeres y sont plus
favorisées que celles de la France.

4°. Les ports francs ayant la liberté de commercer avec
nos Colonies, ils peuvent y favoriser l'introduction des
marchandises étrangeres.

Les mêmes inconvéniens ne sont pas à craindre, lorsque
la réexportation des marchandises étrangeres se fait par la
voie du *transit* & des entrepôts. En effet, les Négocians
qui font ce Commerce, ou exportent tout de suite les
marchandises étrangeres sous un acquit à caution, ou ils
les gardent en attendant une occasion de les expédier ;
& alors, ou elles sont déposées dans des magasins publics,
d'où elles ne sortent que pour être expédiées, ou elles
sont laissées à la garde du Commerçant, qui est tenu de
les représenter toutes les fois qu'il en est requis. Dans le
premier cas, la décharge de l'acquit à caution dans le terme
prescrit par icelui, assure la sortie hors du Royaume des
marchandises étrangeres ; & nous ne croyons pas que cette
voie soit susceptible de grands inconvéniens ; nous n'en trouvons pas non plus beaucoup, lorsque l'entrepôt est fait réellement. Il n'en est pas de même dans le troisieme cas ; l'entrepôt
fictif est susceptible d'une contrebande continuelle d'autant
plus funeste, que les versemens peuvent se faire avec

plus de facilité dans l'intérieur du Royaume. Aussi, lorsque nous préférons les entrepôts aux ports francs, nous n'entendons parler que des entrepôts réels. C'est aux Négocians qui voudront obtenir cette facilité, à faire les frais pour la construction des magasins & des hangars nécessaires pour leur Commerce d'exportation ; ils trouveront facilement dans les grandes villes, des Entrepreneurs ou des Capitalistes qui se chargeront de faire ces frais, pourvu qu'on leur paye un loyer proportionné à l'intérêt du capital qu'ils auront avancé ; & quoique le *transit* & l'entrepôt réel ne soient pas entièrement à l'abri de la fraude, cependant il s'en commettra infiniment moins que dans les ports francs, & le Commerce d'exportation des marchandises étrangeres sera divisé entre un beaucoup plus grand nombre de personnes. Les villes maritimes auront toujours sur celles des frontieres, ou de l'intérieur, un avantage considérable dans ce genre de Commerce, mais au moins elles n'en auront pas le privilége exclusif. La ville de Lyon & celle d'Orléans sont situées de maniere à le leur disputer, & nous ne voyons aucune raison pour les empêcher d'en jouir.

Ceci nous conduit naturellement au Commerce d'exportation.

## CINQUIEME PARTIE.

### *Commerce extérieur.*

La principale opération de ce Commerce consiste à fournir aux besoins des autres peuples, & à en tirer de quoi satisfaire aux siens ; il concourt par-là au même but que le Commerce intérieur.

Quatre moyens conduisent sûrement à ce but : la concurrence, l'économie du travail des hommes, la modicité des frais de transport, & le bas prix de l'intérêt de l'argent. Ces quatre moyens sont développés d'une maniere si lumineuse dans le Dictionnaire Encyclopédique, au mot *Commerce*, qu'il ne laiffe rien à défirer. Mais nous croyons devoir y ajouter, que ce qui caractérife & diftingue effentiellement le Commerce extérieur du Commerce intérieur, c'eft que celui-ci s'occupe de donner aux richeffes réelles de l'Etat la circulation la plus active, tandis que le Commerce extérieur a pour objet de procurer de la maniere la plus avantageufe à la Nation les richeffes relatives. Le premier n'a d'action & de réaction qu'entre les Sujets du même Souverain ; l'autre au contraire s'étend chez toutes les Nations commerçantes, & influe fur la puiffance d'un Etat vis-à-vis des autres Etats. Lorfque, dans la balance du Commerce réciproque, une Nation a le folde en fa faveur, fon Commerce eft plus actif que paffif ; dans le cas contraire, il eft plus paffif qu'actif.

Quoique les quatre moyens que nous venons d'indiquer aient une application plus directe au Commerce actif que paffif, cependant ils peuvent contribuer à diminuer ou à retarder l'affoibliffement de la Nation tributaire. Ils peuvent même, par la progreffion des temps, lui donner la fupériorité, ou au moins mettre la balance de niveau ; mais ils ne font pas les feuls qui doivent fervir de regle pour opérer ce changement. Il en eft d'autres qu'il importe à toute Nation tributaire d'employer.

1°. Elle doit faire, le plus qu'il lui fera poffible, le Commerce direct avec la Puiffance à laquelle elle fera obligée d'avoir recours, afin de n'être pas dans le cas de payer à une autre Puiffance intermédiaire des frais de commiffion ou de provifion. Si elle a des ports de mer & une marine affez active pour importer elle-même les objets dont elle aura befoin, le fret tournera à fon profit & fera en pur bénéfice pour elle. Dans le cas où fon Commerce ne feroit pas affez étendu pour occuper tous fes vaiffeaux, elle pourra les donner à fret aux autres Nations ; elle ne fçauroit s'en fervir plus utilement. Le Commerce de grand & de petit cabotage a été & eft encore une des branches les plus confidérables de celui que fait la Hollande, de même que

le

le fameux acte de navigation des Anglois a été la principale caufe de leur puiffance maritime.

2°. En ce qui concerne les Manufactures , nous avons
déjà obfervé que l'importation des marchandifes étrangeres
qui empêchent la confommation de celles du pays , devoit être prohibée de la maniere la plus févere ; malheureufement cette maxime n'a pas été affez péfée , ni prife
en confidération autant qu'elle auroit dû l'être, dans notre
dernier Traité de Commerce avec l'Angleterre , ou, fi
elle l'a été, des raifons fupérieures de politique l'ont fans
doute emporté fur l'intérêt général de notre Commerce ;
nous aimons à le croire ainfi : mais il n'en eft pas moins
vrai que ce Traité a occafionné une diminution très-
confidérable dans le travail de nos Manufactures , & que
de long-temps elles ne fe releveront de l'état affligeant
dans lequel elles font. Il n'étoit pas difficile de prévoir
cet effet funefte. Il n'y a dans un Royaume qu'une certaine fomme de numéraire deftinée aux confommations ;
cette fomme eft proportionnée aux befoins réels & factices ; ils font plus ou moins étendus , fuivant l'abondance
plus ou moins grande des facultés ; quand elles feront
employées à acheter des marchandifes Angloifes , on n'en
achetera pas de Françoife ; ainfi, à prix égal, on devoit
s'attendre que nous perdrions le débit de la moitié des
nôtres ; & à l'égard des articles que les Anglois pouvoient
donner à meilleur compte que nous , tels que les lainages ,
les groffes draperies , les faïences , & plufieurs autres , ils
étoient affurés de la préférence. Tous les raifonnemens ,
ou plutôt les fophifmes qu'on a faits , ne détruiront pas
cette vérité. Si , par des confidérations que nous ignorons ,
il étoit indifpenfable de permettre l'introduction des marchandifes Angloifes fabriquées , il eût été au moins à
défirer que l'on eût obtenu , par forme de compenfation ,
la liberté d'importer les matieres premieres , & fur-tout
les laines dont nous avions befoin pour alimenter nos
Manufactures ; mais les Anglois en fentoient trop la con-

féquence, pour y confentir, & il ne nous refte plus d'autres reffources que de redoubler d'efforts pour augmenter les produits de notre Agriculture, & d'accorder des primes pour favorifer l'exportation des marchandifes qui feront juftifiées provenir de nos Manufactures, ou auxquelles nous aurons donné une nouvelle main-d'œuvre qui en doublera la valeur. Cette efpece d'encouragement, quoiqu'onéreux à l'État, devient cependant indifpenfable dans certaines circonftances. Il n'en eft point de plus preffantes que celles où fe trouvent nos Manufactures. C'eft par le Traité de Commerce qu'elles ont été privées de leur activité ; il eft jufte au moins que tous les droits de traite que payent à leur introduction les marchandifes étrangeres dont on a permis l'entrée dans le Royaume, foient employés à les dédommager de la perte qui en eft réfultée pour elles.

En fecond lieu, le Commerce d'exportation devient d'autant plus néceffaire pour la France, qu'abftraction faite du produit de fes Colonies, elle eft tributaire pour des fommes confidérables, de l'Étranger ; il lui importe effentiellement de compenfer le plus qu'elle pourra, avec des denrées ou des marchandifes, la fomme dont elle eft débitrice.

En troifieme lieu, elle a été obligée d'ouvrir fucceffivement des Emprunts ; les Étrangers y ont placé des capitaux à des intérêts beaucoup plus hauts que ceux promis & payés par d'autres Puiffances ; ils forment une dette annuelle qu'il faut acquitter.

Mais en fuppofant que la France pût fe fuffire à elle-même, & qu'elle ne dût rien aux autres Puiffances, pour conferver parmi elles le rang qu'elle y tient, il feroit indifpenfable qu'elle fît un Commerce actif d'exportation.

En effet, l'Efpagne & le Portugal tirent annuellement de leurs mines, en Amérique, pour environ cent trente millions d'or & d'argent ; il ne refte dans ces deux Royau-

mes qu'une petite partie de cette fomme ; elle eft par-
tagée entre les différentes Puiffances de l'Europe, avec
lefquelles ils ont des relations. Le Commerce paffif que
ces Puiffances font en Afie, en abforbe une autre partie ;
il s'en confomme une certaine quantité en vaiffelle, bijoux
& dorure ; d'après cela, on peut calculer qu'il en refte
environ cent millions, qui accroiffent annuellement le
numéraire de l'Europe. Dans cette pofition, fi la France
renonçoit à toutes les liaifons de Commerce au dehors,
& qu'elle fe contentât de conferver fes richeffes actuelles,
elle perdroit bientôt fon degré relatif de puiffance, puifque reftant toujours dans le même état, & les autres
Nations s'enrichiffant, la proportion de richeffe qui exifte
actuellement entre elle & les autres États, s'affoibliroit
annuellement ; par conféquent elle a un très-grand intérêt d'encourager fon Commerce d'exportation. Mais
quelle branche de ce Commerce doit-elle principalement
favorifer ? Dans les réflexions que nous avons propofées
fur la liberté indéfinie du Commerce, nous avons expli-
qué notre maniere de penfer relativement aux denrées
de premiere néceffité, & aux matieres premieres ; nous
perfiftons à croire que quelque intérêt que puiffe avoir
la France de faire le plus grand Commerce d'exportation
poffible, elle doit néanmoins fe borner, quant à ces
deux objets, à ne vendre à l'Étranger que fon fuperflu.
A l'égard des marchandifes & des objets de luxe, plus
la vente en fera confidérable, & plus le Royaume y trouvera fon avantage, quand même le Fabricant ou le Négociant y perdroient. C'eft ici le cas de diftinguer le gain
de l'État d'avec celui du Spéculateur ; mais ce feroit trop
exiger du Fabricant, de vouloir qu'il fabriquât des marchandifes au delà de la confommation préfumée des pays
pour lefquels elles font deftinées. Les invitations que nous
avons entendu quelquefois faire à ce fujet, font trop con-
traires à l'intérêt particulier du Fabricant & du Commerçant, pour croire qu'elles puiffent les déterminer à fe

furcharger de marchandifes qu'ils préfumeroient ne pouvoir pas vendre. D'ailleurs, les engorgemens qui s'en feroient dans leurs magafins nuiroient à la fabrication des
années fubféquentes, ainfi qu'à leur exportation. Il n'y a
pas long-temps que nous avons éprouvé cet inconvénient
par rapport aux draps deftinés pour le Levant. L'Adminiftration a été obligée de fe charger, à fon compte,
d'une quantité confidérable de ces mêmes draps, pour
donner du travail aux Manufactures, & bien plus encore
pour remédier au difcrédit dans lequel elles étoient tom-
bées par rapport à la mauvaife qualité de leurs étoffes.
Cette fpéculation, quoique très-onéreufe pour l'État,
pourra cependant être utile à cette branche de notre Commerce d'exportation dans le Levant, pourvu que les Fabricans ne retombent pas dans les mêmes abus.

A l'égard de la maniere la plus avantageufe d'exporter
le fuperflu de nos productions du fol, ainfi que celles
de nos Manufactures & de notre induftrie, nous ne pouvons propofer d'autres regles & d'autres principes que
ceux que nous avons invoqués, lorfque nous avons parlé
de l'importation des articles dont nous avons befoin, en
y ajoutant cependant que l'exportation du fuperflu d'une
Nation, dans quelque genre que ce foit, eft le profit le
plus clair qu'elle puiffe faire.

La France, ifolée de fes Colonies, n'a du fuperflu que
dans le feul article de fes vins. La valeur des autres productions de fon Agriculture & de fon induftrie, qu'elle
exporte, eft compenfée au delà par les fommes qu'elle
eft obligée de payer pour les objets qu'elle importe : on
calcule qu'ils montent à deux cent trente millions, &
qu'elle n'exporte de fes productions que pour deux cents
millions ; par conféquent elle feroit tributaire aux autres
États de l'Europe, fi fes Colonies ne lui donnoient pas
une maffe de produit qui fait pencher en fa faveur la
balance.

Dans l'énumération que nous avons faite des produits,

de la France , nous avons compris ceux des Colonies pour deux cents millions , & nous avons obfervé que le Commerce qui fe fait entre elles & la Métropole, exigeoit une importation & une exportation réciproque de deux cent mille tonneaux. Ce fimple apperçu a dû fuffire pour faire fentir combien leur confervation eft importante , & combien nous avons intérêt de les protéger ; nous n'avons pas befoin de recourir à des raifonnemens , pour en convaincre. La feule obfervation que nous nous permettrons à ce fujet , c'eft que plus les Colonies different de la Métropole par leurs productions , plus elles font parfaites , puifque cette différence leur donne d'autant plus d'aptitude à remplir l'objet de leur deftination , qui eft d'opérer la confommation des produits de la Métropole pour laquelle elles ont été fondées , & de fournir un nouvel aliment à fon Commerce. Telles font nos Colonies des Antilles.

Mais quels moyens le Gouvernement doit-il employer pour les faire arriver de la maniere la plus fûre & la plus complette à leur deftination ? C'eft ici où fe trouve la grande difficulté. Beaucoup de perfonnes prétendent qu'on doit les confidérer comme des Provinces du Royaume féparées feulement par la mer du fol national : nous aurions de la peine à nous ranger à cet avis ; la deftination des Colonies y réfifte. En effet, leur fol & leurs poffeffions ne nous font précieux que relativement aux productions que nous en tirons , & à celles que nous y envoyons ; elles ne font donc abfolument que des établiffemens de Commerce qu'il faudroit abandonner , fi , d'une part, elles ne nous procuroient pas les débouchés de notre fuperflu , & fi , d'autre part, leurs plantations ne nous fournifloient pas exclufive-ment les fruits , les denrées & les matieres premieres dont nous avons befoin pour notre confommation intérieure & pour l'agrandiffement de notre Commerce extérieur.

Au furplus , peu importe qu'on les confidere comme Provinces du Royaume , ou comme des établiffemens de Commerce, dès qu'on fera forcé de convenir qu'elles n'ont été fondées que pour le plus grand avantage de la Métropole ; la conféquence naturelle qui en réfultera, eft que leur Commerce, tant d'importation que d'exportation, doit être tenu fous le joug des prohibitions les plus auftères. Ce principe eft fondé non feulement fur le plus grand intérêt des Nations qui poffedent des Colonies, mais encore il prend fa fource dans les fentimens de juftice, qui veulent que celui qui a femé recueille. Le droit de la Puiffance fondatrice & protectrice des Colonies, eft le même que celui d'un Particulier fur les productions d'un champ qui lui appartient, & qu'il a cultivé ou fait cultiver à fes frais.

Cependant on ne doit pas diffimuler qu'on fait contre le Commerce exclufif des Colonies, de fortes objections.

Et d'abord on n'admet pas la parité entre le droit de la Puiffance fondatrice & protectrice, & le droit du Cultivateur, qui ayant femé doit recueillir ; on rétorque au contraire le principe, & on en excipe en faveur du Colon, qui, en fa qualité de Propriétaire du fol, doit avoir la faculté de difpofer de fes productions à fon plus grand avantage.

Nous répondons qu'en réduifant ainfi l'objection, elle ne réfléchit que contre la partie du Commerce exclufif qui oblige les Colons d'envoyer en France tous les fruits, denrées & matieres premieres qu'ils récoltent ; qu'elle n'a aucune application à la néceffité dans laquelle ils font de procurer le plus grand débouché poffible aux productions de la Métropole. Or les raifons qui militent en faveur de l'exclufif dans ce dernier cas, font les mêmes pour le premier ; elles dérivent les unes & les autres de la deftination primitive des Colonies.

En fecond lieu, il n'eft pas exact de dire que les Colons ont la propriété pleine & entiere du fol des Colonies, ils n'en ont que le domaine utile. La conceffion ne leur a été faite primitivement qu'à la charge de la prohibition.

Enfin, en regardant comme des Provinces du Royaume les Colonies, & en suppofant que leur propriété foit pleine & entiere entre les mains des Colons, ils font ténus, en qualité de Sujets, de fubordonner leur intérêt à l'intérêt général. La prohibition n'eft pas une interverfion de leurs poffeffions, elle n'eft que la regle qui doit en diriger l'ufage.

La feconde objection eft plus forte ; on la fonde fur l'impoffibilité d'approvifionner les Colonies. Si cette impoffibilité étoit réelle, nul doute qu'on ne dût permettre aux Colons des liaifons avec les Etrangers : mais exifte-t-elle ?

On ne la fuppofera certainement pas en ce qui concerne l'habillement & les ameublemens ; ainfi nous fommes difpenfés de rien dire à ce fujet.

Quant aux vivres, il y a une premiere obfervation à faire: c'eft que les Negres, qui forment la prefque totalité de la population, font nourris en général avec le manioc & avec quelques autres plantes qui fe cultivent dans les Colonies. Cependant il eft vrai que les approvifionnemens en farines font néceffaires pour une portion de Negres qui s'en nourriffent, & pour les Blancs ; mais il feroit difficile qu'excepté qu'il n'y eût fucceffivement, pendant plufieurs années, de mauvaifes récoltes, la France ne pût pas fournir à cette confommation, qui eft inférieure à celle de plufieurs villes du Royaume. Nous ne fçaurions mieux employer notre fuperflu en grains, qu'à l'approvifionnement de nos Colonies.

Nous favons qu'elles confomment beaucoup de poiffon falé, & qu'il a paru néceffaire de leur laiffer la liberté d'en tirer de l'Etranger ; qu'on a même établi en Amérique quelques ports francs, pour leur faciliter les moyens de s'en approvifionner ; mais nous ne fçaurions nous difpenfer de remarquer que c'eft un mal corrigé par un autre mal. Le feul moyen de remédier à l'un & à l'autre, eft de favorifer, ainfi que nous l'avons déjà dit, nos pêcheries, en détruifant les gênes qui leur empêchent de prendre toute l'activité qu'elles pourroient avoir.

A l'égard des viandes salées, c'est encore un autre mal que nous ne puissions pas les fournir à nos Colonies. Il dérive du mauvais état de notre Agriculture; mais comme ces viandes saéles se tirent d'Europe, il convient au moins que le transport s'en fasse par l'entremise de nos ports; cela paroît d'autant plus nécessaire, que cet objet n'étant pas assez considérable pour former des cargaisons, on completteroit la charge avec d'autres marchandises; on éviteroit par ce moyen l'introduction, dans nos Colonies, de celles étrangeres, & la Marine Françoise jouiroit du fret des cargaisons.

Nous ne parlerons pas de l'approvisionnement des boissons; la préférence que les Colonies donnent aux vins de Guienne sur tous les autres, est le meilleur garant que la prohibition sera respectée.

Une autre espece de fourniture absolument nécessaire pour nos Colonies, est celle des Negres. Il faut convenir que pendant long-temps nos Armateurs n'en ont pas envoyé une quantité suffisante pour leur culture; mais c'étoit bien moins par une impuissance réelle de leur part, que parce qu'ils n'étoient pas suffisamment protégés. Les Anglois étoient en possession de fournir à nos Colonies le rebut de leurs Negres; ils les vendoient à des prix si bas, que nos Armateurs ne pouvoient pas fournir en concurrence ceux provenant de leur traite. L'expérience a prouvé que les Negres vendus par les Anglois moins cher à l'achat, revenoient cependant à un prix plus haut, parce qu'ils étoient moins robustes. Nos Colons se sont désabusés de ce bon marché apparent, ils n'en achetent des Anglois que lorsqu'ils y sont forcés par le besoin; mais il n'en est pas moins vrai que ce Commerce interlope a été aussi préjudiciable à nos Armateurs, qu'il l'a été au Commerce de France; & une preuve sans réplique que nos Armateurs François ont été plutôt dégoûtés par nos Colonies qu'ils ne leur ont manqué,

qué, résulte de ce qu'ils ont été réduits souvent à introduire dans celles des Espagnols, des Negres qu'ils n'avoient pas pu trouver à vendre dans les nôtres. Actuellement que le Gouvernement donne des primes suffisantes pour encourager la traite, il faut espérer qu'elle deviendra de jour en jour plus considérable, & ce sera un motif de plus pour tenir ce Commerce sous l'empire de la prohibition la plus austere.

Cependant on pourra insister, & dire que s'il est important que tout le Commerce des Colonies n'ait pour objet que le plus grand avantage de la Métropole, & par conséquent qu'il soit sous sa dépendance immédiate, il n'est pas moins essentiel que, pour remplir encore plus parfaitement sa destination, les Colonies soient tenues dans le plus grand état de richesses possible, & que l'exclusif absolu s'oppose à cet état de richesses si fort à désirer, sur-tout la Métropole ne consommant qu'une partie de leurs productions.

La derniere assertion est vraie; mais de ce que la France ne consomme pas la totalité des productions de ses Colonies, on ne doit pas en conclure qu'il faut livrer, en Amérique, le surplus, aux Nations qui sont dans le cas de les acheter; si cela étoit ainsi, la dépendance des Colonies, ainsi que leurs obligations envers la Métropole, seroient restreintes & limitées, tandis qu'elles ne doivent avoir d'autres bornes que celles que peuvent y mettre la culture de leurs terres & la nécessité des approvisionnemens, qui leur manquent pour faire exister les Colons. Ainsi non seulement elles sont assujetties à fournir à la Métropole toutes les denrées de leur cru nécessaires à sa consommation intérieure; non seulement elles doivent recevoir d'elle toutes les choses dont elles ont besoin pour la nourriture des Colons & leurs vêtemens; non seulement elles doivent payer les Artistes & les Ouvriers de la Métropole qui travaillent pour elles & à leur occasion; mais elles sont encore obligées de procurer à son Commerce toute l'activité que peut leur

P

donner l'exportation de leur superflu. La seule production des Isles, que notre Commerce a été obligé jusqu'à présent d'abandonner à l'Etranger, ce sont les taffias & sirops; mais s'il est vrai, comme nous l'avons dit, que leur prohibition en France n'est que le résultat d'une erreur, il y a lieu de présumer qu'on ne laissera plus subsister ce prétexte d'entretenir des liaisons avec des Navigateurs étrangers.

Quant à la partie de l'objection faite par ceux qui croient que la Métropole est pour le moins aussi intéressée à tenir les Colonies dans le plus grand état de richesses possible, qu'à y maintenir la prohibition absolue, il nous paroît que pour la résoudre il faut examiner, 1°. s'il y a incompatibilité, ou, pour mieux dire, impossibilité de jouir en même temps de ces deux avantages; 2°. si cette impossibilité n'est que momentanée, ou bien si elle est habituelle. Dans ce dernier cas, la possession d'une pareille Colonie est plus nuisible à la Métropole, qu'elle ne lui est utile; il faut l'abandonner, excepté que des raisons politiques ne forcent à la conserver. Lors au contraire que la Colonie ne se trouve qu'accidentellement exposée à manquer de l'absolu nécessaire, qui ne peut pas lui être fourni par la Métropole, certainement la prohibition doit céder, car avant de jouir il faut conserver. Mais hors de ces circonstances, la prohibition doit l'emporter sur les avantages qui peuvent résulter pour la Métropole de tenir les Colonies dans le plus grand état de richesses possible. L'Etat leur doit protection; mais il ne la leur doit pas à son préjudice & contre la nature de leur institution.

Si en temps de guerre la France est obligée de partager avec les Puissances amies ou neutres, son Commerce des Colonies, parce que les forces maritimes ne lui permettent pas d'en jouir exclusivement, c'est une raison de plus de se le réserver uniquement en temps de paix, soit pour se dédommager de ce qu'elle peut avoir perdu, soit pour conferver le rang qu'elle doit tenir parmi les autres Nations de l'Europe. En accordant à fes Colonies une liberté plus grande que celle dont elles jouiffent, elle diminueroit fa puiffance relative par l'accroiffement de celle de fes rivaux.

Ces confidérations nous difpenfent d'entrer dans l'examen des avantages qui pourroient réfulter pour nos Colonies, d'un adouciffement dans les Loix prohibitives auxquelles elles font foumifes. Cependant, s'il étoit néceffaire de faire valoir un dernier moyen pour prouver que ce régime n'eft pas incompatible avec la profpérité des Colonies, nous ferions fondés à obferver que l'exclufif que la France s'eft réfervé, n'a pas empêché nos Colonies des Antilles de s'élever à un degré de richeffes & de puiffance qui fait l'objet de l'étonnement & de l'envie des autres Nations. Les Colons, toujours difpofés à fe plaindre de la rigueur avec laquelle ils prétendent qu'on les traite, ne fçauroient fe diffimuler que les impôts qu'on leve fur leur fol & fur leurs productions, font beaucoup moins forts que ceux payés par les autres Sujets du Roi, Propriétaires de fonds ; prefque tous payent le cinquieme de leurs revenus, y compris les droits fur les confommations en tous genres. Nous ne doutons point qu'actuellement que les Colonies ont défiré & obtenu des Repréfentans à l'Affemblée Nationale, elles ne s'empreffent de donner l'exemple de leur dévouement pour le plus grand avantage de la Nation dont elles font partie. Nos efpérances, à cet égard, font d'autant mieux fondées, qu'elles ne peuvent pas ignorer que la modération des impôts n'eft pas la feule faveur dont elles jouiffent ; l'Adminiftration facrifie encore toutes les années une fomme confidérable pour leur procurer à meilleur compte des Negres. Cette dépenfe a formé, l'année derniere, un objet d'environ deux millions, & c'eft certainement une des dépenfes les plus utiles pour tenir les Colonies dans le plus grand état de richeffes poffible, puifqu'elles ne font riches que par leur culture, & qu'elles ne cultivent que par les Noirs qu'elles achetent.

Il y aura cependant toujours une grande confidération à faire en matiere d'impôts fur les Colonies ; c'eſt qu'ils peſent non feulement fur le fol colonial, mais qu'ils réfléchiffent encore fur la Métropole pour fes confommations, & fur le Commerce extérieur pour les objets réexportés dans l'Etranger. Une autre confidération importante, c'eſt que l'impôt trop fort eſt un avantage cédé à la contrebande, & une addition à fes efpérances, qui la décident toujours lorſqu'elles font fupérieures à fes rifques.

Malheureufement on s'eſt accoutumé à ne plus regarder la contrebande comme un délit ; cependant c'en eſt un véritable, puifqu'elle prive l'Etat d'un droit qui lui appartient, & qu'elle met le Négociant honnête dans l'impoſfibilité de foutenir la concurrence avec le fraudeur.

Un mal plus grand encore, eſt d'être obligé pendant la guerre d'abandonner aux vaiffeaux neutres la plus grande partie des bénéfices que notre Commerce pourroit faire exclufivement, fi fes importations & fes exportations étoient protégées par une Marine puiffante.

Mais le pire de tous les maux feroit l'invafion de nos Colonies.

Nous ne doutons pas que le Gouvernement ne fe foit occupé fouvent de cet objet important ; il aura certainement vu avant nous, que fans les produits de nos Colonies, la balance du Commerce feroit entiérement contre nous ; & que la France a par conféquent le plus grand intérêt de prévenir un pareil événement. Nous n'avons point à craindre que les ennemis viennent nous attaquer fur nos frontieres, & ils n'y viendroient pas impunément, quand même nos armées de terre feroient moins confidérables ; mais ce font des armées navales dont nous avons befoin pour nous maintenir dans notre pofition actuelle. Des forts, des citadelles & des troupes peuvent bien défendre certains points, mais ils ne fçauroient protéger toutes nos côtes & celles de nos Colonies. Les vaiffeaux, au contraire, font des efpeces de forterefles mobiles qui fe portent dans toutes les parties ; leur préfence fuffit pour intimider les fraudeurs & empêcher les

verfemens frauduleux. On peut, avec leur fecours, tenter &
prévenir des defcentes; & quand même des forterefses mettroient nos Colonies à l'abri de toute invafion & de toute
dévaftation, on devroit encore leur préférer les forces navales; car il ne fuffit pas de conferver nos poffeffions en
Amérique, il faut encore les approvifionner & en tirer les
productions; autrement cette fource de la richeffe nationale tariroit au moment où elle deviendroit la plus néceffaire;
par le furcroît de dépenfe qu'entraîne la guerre. Ce n'eft pas
tout; elle fourniroit à nos ennemis des reffources pour foutenir la guerre contre nous; ils approvifionneroient nos Colonies, & ils en tireroient les productions, ils jouiroient de
leurs richeffes & des nôtres.

La néceffité d'une Marine puiffante, qui puiffe protéger
nos poffeffions en Amérique, & empêcher que leur approvifionnement ne tourne au profit de nos ennemis, fe fait fentir
de plus en plus, lorfqu'on confidere que la perte du Canada & la ceffion de la Louifianne ont privé nos Ifles des fecours qu'elles auroient pu fe procurer par le moyen de ces
deux poffeffions; elles fe feroient foutenues réciproquement. Le Canada & la Louifianne avoient encore un point
d'utilité particulier pour nos Ifles. Ils pouvoient confommer
les firops & les taffias que nous livrons aux Etrangers. On
ne fent fouvent le prix des chofes que lorfqu'on ne les poffede plus. Evitons-nous de plus grands regrets pour l'avenir,
& réfumons en deux mots tout ce que nous avons dit fur
nos Colonies.

Elles ont été établies pour l'utilité de la Métropole; elles
ne peuvent remplir leur deftination dans toute fon étendue,
qu'en augmentant les produits des terres & de l'induftrie de
la Nation fous la puiffance immédiate de laquelle elles font,
& en contribuant au gain de fon Commerce avec les autres
Nations. Si elles pouvoient fe paffer de la Métropole, &
qu'elles euffent la faculté d'entretenir des liaifons directes
avec l'Etranger, tant pour leur importation que pour leur

exportation, elles cefferoient d'être utiles. L'état de prohibition dans lequel elles font à cet égard, doit, à la vérité, céder à la néceffité, fupérieure à toutes les autres Loix ; mais hors de cette circonftance, les Loix prohibitives doivent reprendre tout leur empire : elles ne font point incompatibles avec la richeffe des Colonies, fur tout fi la Métropole leur procure le fort le plus doux poffible par une protection conftante. Elle eft la premiere intéreffée à ne pas les furcharger d'impôts, puifqu'ils pefent fur elle comme fur les Colons ; elle ne l'eft pas moins à donner à la culture du fol colonial la plus grande activité, puifqu'il n'a de valeur pour elle que relativement à la confommation & au Commerce qu'il opere. Il ne peut l'opérer que par la culture, qui ne peut elle-même exifter que par les Negres ; les encouragemens accordés à leur importation dans nos Colonies, font donc de tous les plus précieux ; mais plus ils augmenteront leurs produits & leurs richeffes, plus auffi ils exciteront la jaloufie & l'ambition des Puiffances rivales ; de la néceffité d'avoir des forces navales fuffifantes pour n'être pas obligé, en temps de guerre, d'abandonner une partie de leurs produits, & fur-tout pour empêcher les incurfions & les invafions auxquelles elles pourroient être expofées. Ce réfumé nous paroît raffembler tout ce qui concerne l'adminiftration des Colonies ; & nous ne croyons pas pouvoir mieux terminer ce Mémoire, qu'en obfervant que nous aurions bien défiré le rendre plus laconique ; mais comme ce n'eft qu'une ébauche entreprife dans la vûe de la faire paffer fucceffivement de cet état à celui de la perfection, nous avons penfé que nous devions expliquer toutes les raifons fur lefquelles nous fondions nos opinions, afin qu'on pût les apprécier, & même les combattre fi on les croit erronées. Il s'agit ici d'un des plus grands intérêts de l'Etat, & peut-être a-t-on jufqu'à préfent trop généralifé les principes d'après lefquels devoient être décidées les différentes queftions qu'il fait naître. Nous avons tâché de les analyfer, & de les préfenter fous toutes les faces dont elles étoient fufceptibles ; & quand notre travail ne produiroit d'autre fruit que de tenir en garde contre des jugemens trop précipités dans une matiere auffi délicate que celle-ci, nous nous trouverions fuffifamment récompenfés du fruit de nos peines. Une mauvaife décifion en matiere contentieufe ne nuit qu'à quelques particuliers ; mais en adminiftration elle peut influer fur la profpérité de l'Etat & fur le bonheur des Sujets,

**F I N.**

# TABLE
## DU MÉMOIRE.

*Exorde. L'Agriculture & l'Industrie sont l'essence du Commerce. Sans l'Industrie, les fruits de la terre n'auroient point de valeur ; si l'Agriculture est négligée, les sources du Commerce sont taries.* pag. 1

*Division du Mémoire en cinq Parties.*

F I N.

www.ingramcontent.com/pod-product-compliance
Lightning Source LLC
LaVergne TN
LVHW021448170726
843501LV00005B/1560